Hans Ruh
Ich habe mich eingemischt

Hans Ruh
Ich habe mich eingemischt

Autobiografische Notizen

allerArt · Zürich

Bibliografische Information der Deutschen Nationalbibliothek
Die Deutsche Nationalbibliothek verzeichnet diese Publikation in der Deutschen Nationalbibliografie; detaillierte bibliografische Daten sind im Internet über http://dnb.dnb.de abrufbar.

Das Werk einschließlich aller seiner Teile ist urheberrechtlich geschützt. Jede Verwertung ist ohne Zustimmung des Verlags unzulässig. Dies gilt insbesondere für Vervielfältigungen, Übersetzungen, Mikroverfilmungen und die Einspeicherung und Verarbeitung in elektronischen Systemen.

© 2017 allerArt im Versus Verlag AG, Zürich

Weitere Informationen zu Büchern aus dem Versus Verlag unter www.versus.ch

Satz und Herstellung: Versus Verlag · Zürich
Druck: CPI books GmbH · Leck
Printed in Germany

ISBN 978-3-909066-10-0

Inhalt

Vorwort 8
Ich bin dankbar und habe das Gefühl, ich hätte für mein Leben einen besonders günstigen Zeitabschnitt erwischt.

Kapitel 1 Kindheit 10
Die Ärzte hatten mich bereits aufgegeben und für die Leichenhalle präpariert.

Kapitel 2 Studium 26
Am Samstag benutzten wir jeweils das öffentliche städtische Bad, wo man für kurze Zeit und wenig Geld eine Badewanne mieten konnte.

Kapitel 3 Berlin 34
Gegen Mitternacht machte ich mich ziemlich nervös auf den Weg Richtung Checkpoint Charlie und wurde sofort nach hinten kommandiert.

Kapitel 4 Friedensarbeit und West-Ost-Konflikt 53
Nur war es ja nicht so einfach, verbannte Professoren in einem kommunistischen Land zu kontaktieren. Ich musste mir einen entsprechenden Plan einfallen lassen.

Kapitel 5 Osteuropa 63
Sowohl die Piloten wie auch ich spürten, dass wir jetzt alle nur noch ein paar Worte vom Hochverrat entfernt waren.

Kapitel 6 Berufsleben 70
Solange es in Indien kein Mittagsmahl gibt, gibt es in Bern kein Abendmahl.

Kapitel 7 Arbeitsgruppen 97
Wie ein Balletttänzer, natürlich weiss gekleidet und mit den berühmten roten Schuhen, stieg der Papst aus dem Flugzeug und wir durften artig Hände schütteln.

Kapitel 8   Mein Polizeieinsatz 100
            Zu meinem Entsetzen hörte ich die Stimme eines meiner Söhne:
            ‹Papi, du sigsch schiints bi der Schmier!›

Kapitel 9   Jugendunruhen 1980 bis 1982 102
            Manche aus dieser einfallenden Horde begannen mit
            dem Aufschlitzen von Pneus; andere drängten in die Häuser,
            zerschnitten Telefonkabel und bedrohten die Bewohner.

Kapitel 10 Vortragstätigkeit 106
            Da sass also der Vortragsredner auf dem Dach,
            was die vorbeigehenden Leute höchst verwunderte.

Kapitel 11 Militär 109
            Im Übrigen war dieser WK für mich darum stressig,
            weil man auf Befehl des Kommandanten abends und in der Nacht
            sehr viel trinken musste.

Kapitel 12 Schweizerischer Staatsschutz 115
            ‹Bei Ruh könnte es sich um einen Linksradikalen handeln.
            Ist er evtl. beim ND schon verzeichnet?›

Kapitel 13 Privates 118
            ‹Wir sitzen immer so zufrieden zusammen, reden über Probleme,
            die uns gar nicht so sehr betreffen. Warum laden wir nicht jemanden ein,
            der wirklich Probleme hat?›

Kapitel 14 Staatsbesuch in den USA 122
            Statt Mittagessen wurde in den Strassen von Washington
            rückwärts gejoggt.

Kapitel 15 Universität 126
            ‹Wenn ich aber gewusst hätte, dass du so en glatte Siech bisch,
            hätte ich für dich gestimmt.›

Kapitel 16 Rechtsstaat 146
            Wichtig war mir auch das prinzipielle Festhalten am Widerstand
            im Rechtsstaat.

Kapitel 17　Sport 149
　　　　　　Mir wurden die Augen nass vor Rührung angesichts dieser
　　　　　　vornehmen Zurückhaltung, und ich tröstete mich
　　　　　　im Raum der Stille aus gelbem Alabaster im FIFA-Komplex.

Kapitel 18　Kontakte 152
　　　　　　Tatsächlich war die ministeriale Ankunft imposant:
　　　　　　Voraus ein Audi mit Blaulicht, dann der Minister im zweiten Wagen,
　　　　　　dann wieder ein Audi mit Blaulicht.

Kapitel 19　Ideen 155
　　　　　　Die technologische Entwicklung hat dann
　　　　　　zwei meiner ‹genialen› Einfälle obsolet gemacht.

Kapitel 20　Nach der Emeritierung 156
　　　　　　Ganz befriedigt mich der Stand meiner
　　　　　　bisherigen Erkenntnisse noch nicht.

Kapitel 21　Schluss 165
　　　　　　… in einem ‹altersentsprechenden guten Allgemeinzustand›.

　　　　　　Zeittafel 167

　　　　　　Literaturverzeichnis 168

Vorwort

"Ich bin dankbar und habe das Gefühl, ich hätte für mein Leben einen besonders günstigen Zeitabschnitt erwischt."

Der erste Impuls für meine biografischen Ausführungen kam von studentischer Seite. Bei freundschaftlichen Zusammenkünften mit den Studenten und Studentinnen, vor allem im Rahmen meiner Seminare im Engadin, verführten mich die jungen Leute zum Erzählen von Geschichten aus meinem Leben. «Schreiben Sie das auf», war die Reaktion. In der Tat besteht *eine* Motivation zum Verfassen dieses Textes in meiner Freude am Erzählen von Geschichten, die ich erlebt habe.

Darüber hinaus habe ich mehr und mehr das Gefühl, dass vieles von dem, was ich erleben durfte, von zeitgeschichtlichem Interesse sein könnte. Ich denke da an die kindliche Erfahrung des Zweiten Weltkriegs, den Ost-West-Gegensatz, den ich während zwei Jahren in Berlin hautnah erlebt habe; auch an den sogenannten «Kalten Krieg», der mich in der Schweiz persönlich betroffen hat; weiter die 68er-Bewegung und deren Folgen, die ökologische Problematik und endlich die Dominanz der neoliberalen Ökonomie in der globalisierten Welt.

Nicht nur die profane Zeitgeschichte, auch das Leben und Handeln der Kirchen – deren politisches Engagement, der ökumenische Aufbruch und dessen Niedergang – kommen in meiner Lebensgeschichte vor. So kam die Idee auf, ich könnte in meinen Erlebnissen beziehungsweise Erinnerungen die geschichtlichen Ereignisse, aber auch das Leben und Handeln der Kirche spiegeln. Zudem bin ich immer wieder in Kontakt mit interessanten Persönlichkeiten – oder in deren Nähe – gekommen. Zusätzlich sollen auch meine theoretischen und praktischen Auseinandersetzungen mit diesen Ereignissen zur Sprache kommen. Aus diesem Grund werden im vorliegenden Buch Texte aus meiner Hand abgedruckt, welche die wichtigsten Themen meiner Arbeit betreffen: Sozialethik, Arbeitsgesellschaft, Strategie, Frieden, Umwelt, Naturschutz, Umgang mit Tieren, Sport, Globalisierung.

Es geht mir um mein Erlebnis der Zeitgeschichte und um meine Auseinandersetzung damit, weniger um meine Person oder mein Privatleben, obwohl einzuräumen ist, dass ein Schuss Narzissmus sowie Freude an öffentlicher Anerkennung bei niemandem fehlt, der eine Biografie schreibt. Ich will grundsätzlich nur das bekannt machen, was von öffentlichem oder zeitgeschichtlichem Interesse ist oder sein soll. Dies ist der Grund dafür, dass einige Namen von mir nahestehenden Menschen nicht auftauchen.

Ich will mit diesem Vorgehen keineswegs Defizite und Brüche in meiner Lebensgeschichte verdecken. Ich habe Anfang der Neunzigerjahre meiner Frau meine Beziehung zu Kathrin Gattiker mitgeteilt und damit für alle Beteiligten Belastungen verursacht. Kathrin ist Kinesiologin und war früher als Journalistin und Redaktorin tätig.

Ich muss in einem kritischen Rückblick einräumen, dass im Unterschied zu meinen klaren und zum Teil sicher auch mutigen Aussagen im gesellschaftlich-politischen Raum dies im privaten Bereich weniger oder nicht der Fall war.

Im Rückblick auf mein Leben, gerade angesichts der gegenwärtigen und leider wohl auch zukünftigen Unordnung der Welt, bin ich dankbar und habe das Gefühl, ich hätte für mein Leben einen besonders günstigen Zeitabschnitt erwischt. Mir ist auch klar, dass vieles von dem, was ich erreicht habe, ohne die grossartige Unterstützung durch unzählige Mitarbeiterinnen und Mitarbeiter, Sekretärinnen, Doktoranden, Assistenten, Bibliothekarinnen nicht möglich gewesen wäre. Ihnen allen danke ich sehr.

Kathrin danke ich für das andauernde Verständnis und die kritische Begleitung bei meinem Vorhaben. Ganz grosser Dank geht an meine Schwester Martha, welche nicht zum ersten Mal uneigennützig meine Diktate in eine gute Schriftform verwandelte. Endlich danke ich meinem Freund Heinz Lippuner für hilfreiche inhaltliche und philologische Beratung.

Kapitel 1
Kindheit

> "Die Ärzte hatten mich bereits aufgegeben und für die Leichenhalle präpariert."

Am 26. April 1933, einem Schicksalsjahr, wurde ich in Altorf (später Altdorf) im Kanton Schaffhausen geboren, als Sohn von Gotthilf und Marthe Ruh-Bolle. Altdorf liegt in einem Gebietszipfel nördlich von Thayngen, auf drei Seiten umgeben von Deutschland, ein Dörflein, von dem auch die meisten Schweizer nie etwas gehört haben. Es lebten dort 177 Einwohner, Bauern- und Grenzwächterfamilien. Die Welt war damals eine völlig andere, aus heutiger Sicht fast eine archaische: Im Dorf gab es *ein* Auto, einen Ford mit wunderbaren roten Streifen, den ich stundenlang bewundern konnte. Es gab ein Telefon und, wenn mein Vater einen Anruf bekam, marschierte der Posthalter durchs Dorf, rief meinen Vater und der marschierte zum Telefonapparat. Mitteilungen aus dem Gemeinderat wurden von Herrn Roost, einem kleinen Männlein, im Dorf ausgeschellt: In einer alten Militäruniform verlas er dann alle zweihundert Meter nach einem Gebimmel neue Beschlüsse aus dem Gemeinderat. Jeden Sonntag brachte ich ihm, er war unser Nachbar, einen Teller mit unserem Sonntagsmenü: Bratwurst und Kartoffelstock mit «Seeli» und Gemüse. Als sein Haus brannte, ging er nochmals hinein wegen einer Zwanzigernote; er überlebte nicht. Im Dorf wurde er aufgebahrt. Ich öffnete einmal heimlich den Sargdeckel und sah zum ersten Mal einen toten Menschen.

Auch der Umgang mit behinderten und alten Menschen war archaisch: Wir Jugendlichen foppten öfters alte Leute und einen Behinderten. Wir hatten nur Spott für alte Menschen übrig.

Das Leben für die Menschen war hart und kärglich – auch für unsere Familie. Auf den verschiedenen Pflanzplätzen, welche wir gepachtet hatten, wurde in einer privaten Anbauschlacht fast alles produziert: Von den verschiedenen Kartoffel- und Kohlsorten (siebzehn Sorten) über Raps für die Ölproduktion, Bohnen, Tomaten, Pfirsiche und Zwetschgen war alles im Programm. Dazu kamen noch die Bienen, denn der Vater war ein leidenschaftlicher Imker. Unter seiner Leitung mussten wir Kinder hart arbeiten und so zum Überleben der Familie beitragen. Dies war wohl auch nötig bei seinem Lehrerlohn von 270 Franken pro Monat. Der Rückblick auf den Vater ist ambivalent. Gefürchtet war seine erzieherische Härte. Einmal mussten wir drei Knaben vor das Bienenhaus stehen, bis einer gestochen wurde. Das war natürlich ich. Auch gab es oft schwere Strafen wie ohne Essen abends ins Bett oder lange im «Eggli» stehen und sich schämen. Körperstrafen waren zu Hause und in der Schule, wo ich sechs Jahre unter der Fuchtel des Vaters sass, an der Tagesordnung, bis hin zur Kopfnuss mit der Geige. Untermauert wurde diese Härte auch durch einen religiösen Rigorismus: Zum Beispiel durften wir zu Hause nicht jassen. Auf der anderen Seite hatte der Vater auch eine liebevolle und fürsorgliche Seite. Er war in diesem Bauerndorf sichtlich überfordert und hatte als Bauernsohn und Junglehrer unter Bauern seine Identitätsprobleme.

Auch ging es lange, bis sich seine fundamentalistisch-religiösen Tendenzen abschwächten. Schliesslich war er in Buch (Kanton Schaffhausen) aufgewachsen, einem Dorf mit tief verankertem Pietismus. Noch im neunzehnten Jahrhundert mussten sich die Konfirmanden dort in der Kirche auf den Boden legen und mit den Fäusten die Sünden aus der Brust herausschlagen. Eine Eigenart der Bauern war das Einsammeln von Waisenkindern, auch bei meinen Vorfahren. Aus einem Bauernhof entstand dann die Anstalt Friedeck, für viele Kinder über lange Zeit eine segensreiche Einrichtung. Der religiöse Fundamentalismus war auch ausgesprochen sexfeindlich: Viele Bauern und Bäuerinnen blieben unter Zwang unverheiratet, auch Geschwister meines Vaters.

Der pietistische Fundamentalismus in Buch war die Folge eines welthistorischen Ereignisses: Der Marsch des russischen Zaren Alexander von Petersburg nach Paris, wo, auch stark religiös beeinflusst, der Heilige Friede geschlossen wurde. Dieser Marsch durchquerte Russland, Deutschland, die Schweiz und Frankreich und hinterliess eine Spur erweckter Pietisten, die sogenannte Erweckungsbewegung, deren Folgen in meiner Jugend noch akut waren. Die prominenteste Begleiterin dieses Zarenzugs war Juliane von Krüdener, eine Mischung von Erweckungspredigerin und Marketenderin. Ich selber hatte ebenfalls starke religiöse Phasen in meiner Jugend. So besuchte ich zwischen dem zehnten und zwölften Lebensjahr mehrmals die Predigten eines Erweckungspredigers in der Kirche Opfertshofen, wo ich mich denn auch mehrfach zu Jesus Christus bekehrte.

Der religiöse Hintergrund meiner Familie zeigte sich später bei allen Geschwistern: Ich als Ältester studierte Theologie, Ernst ist Agnostiker, Paul heiratete eine katholische Frau und wurde Katholik, Martha arbeitete fast das ganze Leben lang für die Kirche und Elisabeth heiratete den prominenten Dominikaner Gonsalv Mainberger.

Ein Problem für uns Kinder war, dass Vater und Lehrer während sechs Jahren die gleiche Person war, abgesehen von Stellvertretungen zur Zeit des Zweiten Weltkriegs. Nicht selten musste ich als Bub Schläge von anderen Knaben einstecken, welche damit die Strenge des Lehrers Ruh an mir abreagierten. Privat boten mühselige und langweilige Sonntagsspaziergänge auf dem Reiath eigentlich keine Abwechslung, obwohl diese oft verbunden waren mit dem Sammeln von Beeren und Pilzen. Sehr oft kehrten wir nach dem Sonntagsspaziergang im Pfarrhaus Opfertshofen ein, wo die Haushälterin des Pfarrers zu ihrem Unmut immer Tee und belegte Brötchen bereithalten musste.

Ich denke, dass ich die Härte der Erziehung und die pietistischen Einflüsse einigermassen überstanden habe, nicht zuletzt aufgrund der liebevollen und ausgleichenden Art meiner Mutter. Ihr war das Wohl ihrer Kinder zeitlebens das Wichtigste. Wahrscheinlich blieben trotzdem ein paar Defekte: Ich diagnostiziere bei mir eine gewisse Ich-Schwäche und eine Unwilligkeit, Konflikte hart durchzustehen.

Sehr früh begann ich, mit dem Vater Schach zu spielen, das heisst bald nach dem dritten Lebensjahr. Mit der Zeit schenkte mir der Vater von vornherein eine Figur, damit er nach der Niederlage eine gute Entschuldigung hatte. Etwas später spielte auch mein drei Jahre jüngerer Bruder Ernst Schach. Zusammen mit dem nochmals zwei Jahre jüngeren Bruder Paul schliefen wir in einem Zimmer, das im Winter fürchterlich kalt wurde und wo die Unterwäsche manchmal morgens am Stuhl angefroren war. Nicht selten spielten Ernst und ich in der Nacht blind Schach, während Paul friedlich schlief.

Die Ereignisse des Zweiten Weltkriegs bekamen wir hautnah zu spüren. Schon vor dem Krieg gab es Spannungen mit den Deutschen aus dem Nachbardorf Wiechs. Etliche Einwohner von dort arbeiteten in Thayngen in der Zementfabrik. Während wir über lange Jahre hindurch mit diesen Arbeitern auf ihrem Heimweg gute Kontakte hatten, wurden sie plötzlich aggressiv und brachten zum Ausdruck, dass Deutschland die Schweiz «vor dem Morgenessen» erobern werde. Eine gewisse Angst ging auch aus von den plärrenden Radioreden des Führers Adolf Hitler und seinem Propagandachef Goebbels, die ich als kleiner Knabe sehr oft mit Schaudern anhörte.

Besonders geblieben ist mir der Tag der Generalmobilmachung zu Beginn des Zweiten Weltkriegs. Alle wehrfähigen Männer, auch mein Vater, versammelten sich auf einem Platz, bestiegen dann ein Postauto und liessen die weinenden Frauen mit Kleinkindern auf den Armen zurück. Als Sechsjähriger konnte ich nicht begreifen, dass Männer gerade zur Zeit der höchsten Gefahr wegzogen, anstatt unseren Kanton und unser Dorf zu verteidigen, der Kanton Schaffhausen war als Brückenkopf nördlich des Rheins aus geographischen Gründen aber nicht zu halten.

Wir Knaben wollten mit der Zeit auch einen Beitrag zur Verteidigung der Schweiz leisten. So überquerten wir einige Male, bewaffnet mit Äxten und Sägen, die beidseitig bewachte Grenze zu Deutschland und fügten dem Dritten Reich schweren wirtschaftlichen Schaden zu, indem wir unter Lebensgefahr deutsche Bäume fällten.

Der Krieg fand auch in unserem Dorf statt. An einem kalten Februartag 1944 sass ich abends mit dem Vater am Tisch. Wir spielten

Schach. Plötzlich überflog ein Flugzeug mit gewaltigem Lärm, begleitet von Hunderten von Schüssen, das Dorf. Instinktiv rutschten Vater und ich unter den Tisch. Pfarrer Maurer soll sich nach der Bibelstunde in den Strassengraben geworfen haben. Als wir uns dann nach draussen begaben, wurde uns klar, in welcher Gefahr wir gewesen waren: Das Dorf war übersät von Maschinengewehreinschüssen, hunderte Scheiben waren zerbrochen und Dächer durchlöchert. Allerdings wie durch ein Wunder gab es keine Verletzten. Man vermutete wieder einmal einen versehentlichen Angriff der Amerikaner. Nach dem Krieg wurde klar: Es war ein deutsches Flugzeug gewesen, das sieben prominente jugoslawische (nach anderen Quellen tschechoslowakische) Flüchtlinge töten wollte, die in unser Dorf geflüchtet waren. Natürlich waren auch die Bombardierungen von Thayngen, und vor allem von Schaffhausen am 1. April 1944, ein Thema.

Die Kriegslage stachelte auch meine Fantasie an. So behauptete ich eines Tages gegenüber Soldaten, ich hätte im Dorf einen gefährlich aussehenden Mann in grünen Kleidern gesehen. Diese Behauptung meinerseits wurde im Dorf bekannt und mehr und mehr Einwohner wollten diesen gefährlichen Mann ebenfalls gesehen haben, was mich sehr verwunderte, denn ich hatte ihn ja erfunden. Etwas später kam die Heerespolizei und befragte mich und andere Einwohner über diesen gefährlichen grünen Mann. Plötzlich hatte niemand mehr im Dorf einen solchen Mann gesehen, eine Entwicklung, die mich ebenso verwunderte wie das Ereignis zuvor. Ich blieb als Einziger bei meiner Feststellung und machte mir Gedanken über andere Leute.

Gegen Ende des Krieges erhöhte sich die Anzahl der Flüchtlinge immer mehr. Jeden Tag standen Menschen verschiedener Nationalitäten vor unserem Wohnhaus, das zugleich Zollhaus war. Eindruck machte mir ein polnischer Flüchtling, der zuerst neun Gläser Wasser trank, dann, als er endgültig realisierte, dass er in der Schweiz war, seinen Gurt vollgestopft mit Eierhandgranaten in den Strassengraben warf. In einem Brief meiner Mutter vom 27. April 1945 heisst es: «Bei uns ist es immer noch unruhig, gestern Abend sah man stundenlang

Rauch aufsteigen, wahrscheinlich brannte im Deutschen ein ganzes Dorf. Auf der Sottenegg kamen die letzte Nacht wieder deutsche Soldaten herein, sie haben sogar auf den schweizerischen Posten geschossen, jedoch ohne zu treffen. Unsere Soldaten haben das Feuer eröffnet. Heute wurde sogar ein Hauptmann durch den Einschlag eines Minenwerfers im Föhrenwald schwer verletzt, ebenso ein Soldat.» In einem Brief vom 25. April 1945 heisst es: «Bei uns ist es in letzter Zeit ziemlich unruhig. Zeitweise hört man starkes Artilleriefeuer, heute früh z.B. zitterten die Fenster […]. Erst am Montagnachmittag fuhren die französischen Panzer nach Tengen […]. Es kamen dann viele deutsche Soldaten herein, spät am Abend waren es 96 […]. Die letzte Nacht kamen wieder 56.»

Aufregend war auch der Vormarsch der Franzosen, den wir an der Grenze beobachteten. Die ersten Kampftruppen bestanden aus Marokkanern und vereinzelt Schwarzen, dann kamen erst die stolzen Franzosen. Das war wiederum ein spezieller Denkanstoss. Später freundeten wir uns mit den französischen Besatzungstruppen an. Wir trafen sie an der Grenze und sie baten uns, für sie Kodakfilme zu besorgen. Wir durften dafür auf deutschem Gebiet, einmal sogar in einem Haus, mit französischen Gewehren auf Hitlerbilder schiessen. Ich schäme mich noch heute dafür, dass ich einmal aus Spass mit einem Gewehr Ähren suchende Einwohner von Wiechs verscheucht habe.

Am 2. Februar 1944 besuchte General Guisan unsere Dörfer. Unsere Soldaten standen stramm vor dem zierlichen Offizier, dessen glänzende Stiefel ich besonders bewunderte. Ich hatte übrigens lange nach dem Tod des Generals die Gelegenheit zu einem Besuch in seinem Wohnhaus am Genfersee. Beeindruckt hat mich damals, dass sowohl Uniform wie auch Generalsmütze immer noch in der Garderobe präsent waren.

Schon sehr früh waren die Sommerferien eine spannende Abwechslung. Zunächst ging's zur Grossmutter nach Buch. Sie war eine fromme, gute, aber auch strenge Witwe, welche die Verantwortung für einen Bauernhof hatte. Manchmal ging es hier religiös-archaisch zu und her. Vor dem Mittagessen ein Gebet, dann die Nachrichten, dann essen, dann Lesung eines religiösen Kalenderblatts, dann das scharfe

Kommando an den Knecht. Dieser wohnte übrigens zuoberst im Haus und schüttete jeweils am Morgen den Nachthafen aus dem Fenster. Abends im Bett las ich, wie es Tante Klärli befohlen hatte, die Bibel, zwischendurch zerstäubte ich viel DDT an die Wand, der Stechmücken wegen. Eingenebelt in DDT vertiefte ich mich oft lange in die schrecklichen Geschichten des Alten Testaments. Tante Klärli hatte mir übrigens befohlen, die Bibel zweimal vollständig durchzulesen, was ich auch vor dem zwölften Lebensjahr gemacht habe.

Beim Grossvater und bei der Grossmutter in Richterswil lief ein anderes Programm ab. Meinem Grossvater mussten beide Beine unterhalb des Knies amputiert werden. Er bewegte sich mit einem entsprechenden Gefährt auf kurzen Strecken allein. Aber er liebte es, wenn wir, als Ältester meist ich, ihn in seinem Wagen von Richterswil aus spazieren fuhren. Hart war es, wenn er auf die Idee kam, ich sollte ihn bergauf nach Wollerau stossen. Herausfordernd waren auch die langen Stossfahrten von Richterswil über Rapperswil, einmal bis Stäfa, dann mit dem Schiff zurück nach Richterswil. Unterwegs gab es manchmal eine Einkehr in eine Konditorei, wo es «Zehnerstückli», im Glücksfall sogar «Zwanzgerstückli» gab – Gebäckstücke zu zehn beziehungsweise zu zwanzig Rappen. Ich konnte den Grossvater zur Zeit des Kriegsendes jeweils problemlos auf der Landstrasse stossen. Manchmal fuhr ein Auto, angetrieben von einem seitwärts befestigten, dicken Holzvergaser, an uns vorbei.

Das Programm mit der Grossmutter war ein ganz anderes. Sie liebte es, von Richterswil oder von Samstagern aus nach Einsiedeln zu wandern. Als frühere Christkatholikin, dann Katholikin, später Reformierte betete sie in der Kirche Einsiedeln zur Schwarzen Madonna, was ich auch mittat. Manchmal waren Kameraden aus Richterswil dabei. Einmal hatten wir eine lustige Idee. Vor der Klosterkirche in Einsiedeln gibt es einen Brunnen mit vierzehn Röhren. Aus einer dieser Röhren fliesst gesundheitsförderndes Wasser, nur leider weiss man nicht, welche das ist. Manchmal entleerte sich ein Bus von Pilgerinnen aus Süddeutschland, welche sich sofort zum Brunnen begaben. Sie stellten jeweils ihre Handtasche neben die erste Röhre und tranken dann aus allen Röhren. Wir machten uns einmal einen Spass daraus, die Handtaschen zu verschieben. So konnten wir beobachten, wie die Frauen unendlich viele Durchläufe machten. Allerdings erfuhr ich nach diesem Ereignis die Wahrheit des Satzes: Gott straft sofort. Ich bekam eine schreckliche Blinddarmentzündung und wurde im Spital Richterswil operiert, und nach verschiedenen Komplikationen war mein Überleben unsicher. Auf jeden Fall sehe ich jetzt noch vor mir links die Mutter und rechts die Grossmutter, wie ihre Tränen in mein Spitalbett tropften. Die Ärzte hatten mich bereits aufgegeben und für die Leichenhalle präpariert. Eine Krankenschwester soll aber darauf bestanden haben, dass ich noch lebe. Dieses Ereignis fand 1943 statt, ich war also ungefähr zehn Jahre alt. Nachdem ich mich bei den Grosseltern erholt hatte, wurde beschlossen, dass ich allein mit dem Zug von Richterswil nach Schaffhausen fahren sollte. Man traute mir das Umsteigen im Hauptbahnhof Zürich zu. In der Tat fand ich dann dort auch einen kurzen Zug mit einer Lokomotive, an dem geschrieben stand: Bülach–Schaffhausen. Ich setzte mich in diesen Zug und wir fuhren sogleich ab. Allerdings war ich allein im Wagen, und schon nach kurzer Zeit hielt der Zug an und die Lokomotive wurde abgehängt und entfernte sich. Ich befand mich in meinem Wagen allein im Geleisemeer und hatte nur ein Ziel: Möglichst den richtigen Zug nicht zu verpassen. Ich stieg also aus, überquerte die Geleise, manchmal unter den Flüchen eines vorbeifahrenden Lokomotivführers, und erreichte meinen Zug tatsächlich noch. Der Kommentar meines Grossvaters steht in einem Brief vom 6. November 1945: «Besten Dank für Deinen Brief vom 26. Oktober, der uns Dein Abenteuer in Zürich schildert. Zuerst habe ich gedacht, es wäre doch besser gewesen, wenn Grossmutter Dich bis Zürich begleitet hätte; andererseits hat mich die Art und Weise, wie Du Dich, ohne den Kopf zu verlieren, wacker aus der Sache herausgezogen hast, sehr gefreut und gezeigt, dass Du doch kein ganz kleiner Bube mehr bist.»

Kurz nach dem Ende des Zweiten Weltkriegs wurde der Vater als Lehrer nach Benken (Kanton Zürich) gewählt. Mit Bedauern musste ich die Realschule in Thayngen verlassen, auch meine guten Kameradinnen und Kameraden, wobei ich einigen von ihnen dann wieder an der Kantonsschule Schaffhausen und zwei davon als Professorenkollegen an der Uni Zürich begegnete: Harold Haefner und Edi Rühli.

In Thayngen habe ich zum ersten Mal auch die grosse Welt erlebt. Geblieben ist mir zudem die gute Gastfreundschaft verschiedener Familien, die mich jeweils zum Mittagessen einluden, nicht zuletzt die Familien Haefner und Sauter. Wenn es nicht in einen Privathaushalt reichte, fand mein Mittagessen inmitten von zittrigen alten Frauen und Männern im Altersheim statt, und zwar mit dem Standardmenü Spinat mit Spiegelei. Auf der Velofahrt von Altdorf nach Thayngen und zurück begleitete mich oft ab der Abzweigung nach Hofen mein Schulkamerad Hans Steinemann. Einmal kam uns zwischen Bibern und Hofen die Idee, den Wald anzuzünden beziehungsweise zu schauen, wie lange wir das Feuer eindämmen könnten. Dies gelang während längerer Zeit; doch plötzlich wurde das Feuer gross und grösser, und wir schöpften mit den Schulmappen Wasser aus dem Flüsslein Biber, vergeblich. Wir schlichen uns davon, und den Rest besorgte die Feuerwehr. Warum es kein Nachspiel gab, ist mir bis heute unverständlich.

Einiges war immer noch archaisch geblieben: So erinnere ich mich, dass ich mit Kollegen zusammen die Rembrandt-Ausstellung im Museum in Schaffhausen zum Erstaunen anderer barfuss besucht habe. In Benken besuchte ich die Sekundarschule, daneben war das Schachspiel das grosse Thema. Mit Tierarzt Dr. Hans von Weissenfluh bekam ich einen väterlichen Schachlehrer; zeitweise spielte ich in drei Schachklubs, unter anderem simultan mit russischen Grossmeistern. Mit sechzehn Jahren gewann ich dann sogar das schweizerische Schülerturnier, so etwas wie die schweizerische Jugendmeisterschaft, in Luzern. Dasselbe wiederholte dann drei Jahre später mein Bruder Ernst in Basel.

Neben dem Schachspiel faszinierte mich auch die Arbeit des Dorftierarztes. Ich begleitete ihn oft auf seinen Patientenbesuchen, und mit der Zeit hatte ich zwei Spezialitäten in meinem Portfolio: das Kastrieren von Katzen und das Anschneiden von sogenannten Astlöchern im

Euter der Kühe. Einmal fuhren wir von einem Einsatz mit dem schönen Arzt-Mercedes zurück nach Benken. Von weitem sahen wir eine Rauchsäule, was uns nicht weiter beunruhigte. Als wir uns dem Dorf näherten, erkannten wir zu unserem Schrecken, dass das Arzthaus in Flammen stand. Wir rasten zur Brandstätte und sahen die Feuerwehrleute ratlos herumstehen: Die Männer hatten Angst vor einer Explosion, was sie nicht daran hinderte, nach dem Brand den Weinkeller auszutrinken.

Nach einem Jahr Sekundarschule in Benken stand die Prüfung für den Übertritt in die Kantonsschule Schaffhausen an. Schon in Thayngen, dann in Benken, hatte ich bei den jeweiligen Pfarrherren Lateinunterricht, weil ich manchmal ein Medizinstudium, dann ein Veterinärstudium, aber immer wieder ein Theologiestudium auf dem Radar hatte. Das Fach Latein hatte für mich eine folgenschwere Auswirkung: Mein Lateinlehrer, Pfarrer Ernst in Benken, fand, Pfarrer Blocher aus dem Nachbardorf sollte einmal meine Fähigkeiten prüfen. Diese Prüfung beziehungsweise diese Prüfungen geschahen jeweils im Pfarrhaus Blocher in Laufen am Rheinfall. Der strenge Pfarrer Blocher kontrollierte meine Lateinkenntnisse und die seines Sohnes Gerhard im Hinblick auf die Prüfung an der Kantonsschule Schaffhausen, die wir dann auch beide bestanden.

Für mich war die Begegnung mit der Familie Blocher mit ihren elf Kindern ein faszinierendes Erlebnis. Insbesondere beeindruckte mich die Persönlichkeit von Pfarrer Wolfram Blocher. Ich empfand ihn als sehr gebildeten und intellektuellen Theologen mit einer starken persönlichen Ausstrahlung. Er bestärkte mich in der Idee, einmal Theologie zu studieren. Mit der Zeit entwickelte sich auch eine enge Freundschaft mit seinem Sohn Gerhard. Ich durfte häufig am Nachtessen der Familie Blocher teilnehmen, ein frugales Mahl, bei dem wir Kinder eher Brot, der Vater einen schmalen Streifen Emmentaler bekamen. Nach dem Abendessen versammelte Pfarrer Blocher oft seine männlichen Nachkommen und mich in seiner Studierstube, streckte sich in seiner Rohrchaiselongue aus, zündete die Pfeife an (was wir auch bald taten) und gab das Thema der abendlichen Diskussion bekannt. Es waren meist schwierige theologische Probleme, zum Beispiel Fragen zur Schöpfung oder der Versöhnung durch Christus, die uns zwar überforderten, aber stark beeinflussten. Daneben gab es auch sprachliche Belehrungen, denn Pfarrer Blocher war hinsichtlich Orthografie und Reinheit der Sprache unerbittlich. Ich vernahm damals mit Staunen, dass er auch die NZZ mit einem Rotstift orthografisch korrigierte. Die Pflege der deutschen Sprache war ihm ein hohes Anliegen. Wenn ich etwa sagte: «Ich muss noch meinen Pullover holen», sagte er: «Hans, wie heisst das?» Ich: «Überzieher.»

Pfarrer Blocher widmete der Erziehung und Belehrung seiner Nachkommenschaft viel Zeit. So unternahm er einmal mit den männlichen Nachkommen eine Fusswanderung von Brugg nach Basel, an der ich teilnehmen durfte und die eine knappe Woche dauerte. Die Diskussionen sind unvergesslich, immer bezogen auf schwierige theologische, philosophische und philologische Probleme. Übernachtet wurde in Jugendherbergen, auch einmal auf dem Herzberg. Übrigens machte die Familie Blocher jeweils in Jugendherbergen Ferien, zu mehr reichte das Geld nicht. An den Abenden war auch häufig von Karl Barth die Rede. So kam ich zur Lektüre der ersten Ausgabe des Römerbriefkommentars, der mich nachhaltig beeinflusste.

Ab und zu schlief ich auch im Hause Blocher. Am Morgen stellten sich die sieben Mädchen und die Mutter, eine sehr liebevolle Frau, in eine Reihe, die Mutter zuhinterst. So konnte jede jeder auf höchst effiziente Weise die Haare zu einem Zopf binden. Das Pfarrhaus am rauschenden Rheinfall war ein spezieller und inspirierender Ort, was offenbar schon C.G. Jung erlebt hatte. Er wuchs dort als Pfarrerssohn auf und hatte schon früh die merkwürdigsten Träume. Auch Gerhard Blocher war an Fantasie und Originalität nicht leicht zu übertreffen. Manchmal wurden wir von Allmachtfantasien überwältigt. Einmal, es war tief drinnen im Quarzwerk von Benken, wurden wir uns einig, wie wir die Schweiz beherrschen wollten: Einer von uns wird Bundesrat, der andere Millionär. Geschafft hat das dann ein anderer, Gerhards jüngerer Bruder Christoph.

Auch Andreas, ein weiterer Bruder, war bemerkenswert: Er konnte den SBB-Fahrplan schon im Zeitalter vor dem Taktfahrplan praktisch auswendig hersagen. Später wurde Judith, das älteste Mädchen, meine zeitweilige Freundin. Wir trafen uns jeweils im nicht mehr existierenden Restaurant Grüner Heinrich am Bellevue in Zürich.

Pfarrer Wolfram Blocher hatte es mit sich und der Gemeinde nicht leicht. Einerseits wirkte er intellektuell überlegen, er konnte aber auch spöttisch-sarkastisch sein, und nicht selten stellte sich ein Anflug von Traurigkeit ein. Die Predigten waren theologisch streng durchdacht, aber die Zuhörer meist weit überfliegend. Schon deshalb gab es ihm gegenüber Gefühle von Unterlegenheit, aber auch von Aggression. Er verstärkte solche Gefühle durch ungeschicktes Verhalten. Einmal war ich dabei, als er in Uhwiesen, einem seiner Gemeindeteile, einem Bauern, der am Melken unter seiner Kuh sass, zurief: «Ich habe Sie auch schon lange nicht mehr in der Kirche gesehen.» Auch soll er die Tochter eines Alkoholikers im Unterricht vor allen blossgestellt haben. Tatsache ist, dass der Widerstand in der Gemeinde gegen ihn so stark wurde, dass er bei einer notwendigen Wiederwahl nicht mehr gewählt wurde. Unter dem Freudengeheul seiner Gegner, weitgehend Parteigenossen der BGB (heute SVP), wurde er samt seinen elf Kindern aus dem Pfarramt gejagt. Den Einfluss eines solchen Erlebnisses auf die Kinder kann man sich ja ausmalen.

Später gab es in der Familie Blocher noch andere Nicht-Wiederwahlen: Gerhard in Flawil als Pfarrer, Christoph in Bern als Bundesrat. Die Familie Blocher zügelte nach Wald im Kanton Zürich. Pfarrer Blocher bekam aber nie mehr eine Stelle und predigte da und dort im Kanton für zwanzig Franken oder weniger. Ich verdanke ihm sehr viel, vermutlich auch die letzte Motivation zum Theologiestudium.

Gerhard Blocher und ich waren während der ganzen Kantonsschulzeit dicke Freunde. Gerhard war an witzigen und fantasievollen Einfällen nicht zu übertreffen. Manchmal kamen Peter Schärer, später Professor für Zahnheilkunde, und Heinz Lippuner, später Professor für Germanistik, dazu. Die auffälligsten und frechsten Dinge allerdings haben Gerhard und ich gedreht. So schwänzten wir über längere Zeit mehr als einen Tag pro Woche die Schule. Ins Turnen gingen wir sowieso nicht mehr. Die Sache flog auf, als wir beim Autostopp nach Zürich ausgerechnet unseren Turnlehrer, den Professor Sigi, anhielten. Wir wurden dann zum Rektor zitiert, der unser Verhalten als unerhörte Missachtung der Schulordnung taxierte. Mir war die Sache doppelt peinlich, war der Rektor Lüthi doch der von meinem Vater verehrte Kompaniekommandant während des Aktivdienstes gewesen. Der Gipfel der Frechheit war dann, dass Gerhard dem Rektor sagte, es könne doch nicht sein, dass er Rektor einer Schule sei, die so etwas während Monaten nicht ahnde und abstelle. Der Rektor wies uns fassungslos aus dem Zimmer, berief dann eine Lehrerkonferenz ein, an der es um den Rausschmiss von Blocher und Ruh von der Schule ging. Dies war fast beschlossene Sache. Da meldete sich der Griechischlehrer Wanner, später Regierungsrat und Chef der Schweizerischen Gesamtverteidigung, mit folgenden Argumenten zu Wort: In der betreffenden Klasse seien elf Mädchen, die meisten aus der lokalen Oberschicht, deren Eltern laufend das Wegbleiben von der Schule schriftlich entschuldigten, über das normale Mass einer Monatsmens hinaus. Ruh und Blocher aber hätten sehr strenge Väter, die so etwas nie unterschreiben würden. Aus diesem Sachverhalt leitete der Griechischlehrer den Vorschlag ab, wir zwei sollten noch eine letzte Chance bekommen. Dem wurde dann entsprochen.

Die geschwänzten Tage verbrachten wir übrigens meist in Zürich, wo wir entweder Kinos oder Vorlesungen an der Uni besuchten. Auf dem Heimweg, natürlich wieder per Autostopp und spät in der Nacht, riefen wir ab und zu von einer Telefonkabine aus unsere Lehrer an, um sie zu ärgern. Bis zur Matur verhielten wir uns nach dem Beinahe-Rausschmiss regelkonform. Eine Ausnahme war die Maturzeitung, in der Lehrer unflätig beschimpft wurden. Diesmal aber traf der Bannstrahl Peter Schärer, der als Strafe nicht die spezielle Maturreise der Griechischklasse mitmachen durfte, obwohl er wie die anderen drei die dafür notwendige Note fünf im Fach Griechisch geschafft hatte. Die sogenannte Griechenreise führte dann unter der Leitung des Griechischlehrers Wanner nach Neapel, Pompeji und Salerno. Ich schwankte in jener Zeit wieder zwischen Altphilologie und Theologie. Deshalb war die Begegnung mit der griechischen und römischen Antike für mich ein tiefes Erlebnis. Schon lange hatte ich eine starke Sehnsucht darnach, die Kunstwerke und Stätten auch zu erleben, über die wir in der Schule in griechischer und lateinischer Sprache gelesen hatten.

In Neapel wohnten wir in der Pensione Muller. Das heisst, der Patron war ursprünglich ein Schweizer. Leider gab es nur zwei freie Zimmer für uns vier Personen: Der Griechischlehrer, Gerhard Blocher und ich als Vertreter des männlichen Geschlechts, Evelyne Widmer als einzige Frau. Wohl oder übel legten Hermann Wanner, Gerhard und ich uns ins Doppelbett, während Evelyne das andere Zimmer bekam. Mitten in der Nacht musste der Griechischlehrer im Bett erbrechen, der Kalbskopf, den er in der Pensione gegessen hatte, kam wieder hoch.

Insgesamt erlebten wir in Schaffhausen eine sehr gute Schulzeit. Gepflegt wurden die alten Sprachen, die Germanistik, insbesondere auch die Liebe zur antiken Kultur. Für mich dazu kam die Freundschaft mit dem einige Jahre älteren Hans Lieb. Er studierte schon Geschichte in Zürich, und wir waren beide fasziniert von der Entzifferung antiker Schiften und Denkmäler, die halbwegs zerstört waren. Nächtelang beugten wir uns über solche Bruchstücke von Inschriften.

In den Schulferien arbeitete ich auf Baustellen, in Garagen oder in einer Schreinerei, sofern nicht Ferien in Buch oder Richterswil angesagt waren. Ich bin noch immer stolz darauf, dass ich grosse Teile des Holzgeländers am Rheinfallufer eigenhändig montiert habe. Zwar hatte ich in der Schreinerei nicht immer eine glückliche Hand. Einmal zersägte ich einen schönen Baumstamm nicht der Länge nach zu Brettern, sondern zu vermeintlichem Brennholz in Form von «Rugeln». Mein Chef war gar nicht erfreut und die Karriere als Schreiner im Eimer. Bei einer Baufirma arbeitete ich jeweils zehneinhalb Stunden täglich für einen Franken siebzig in der Stunde. Meine Spezialität war das Aufrichten von Holzschalungen und das Eingiessen von Beton mit der Karrette. Auch die Karriere in der Garage nahm ein abruptes Ende, als ich in einem Auto den Wassertank mit Benzin füllte. Ab dem sechzehnten Lebensjahr verdiente ich mir Kleider und Ferien auf diese Weise selbst.

Den Abschluss der Schulzeit in Schaffhausen, das heisst die Matura, feierte ich mit zwei Freunden, natürlich Gerhard Blocher und Heinz Lippuner, auf besondere Art. Es war wieder Gerhard, der den Plan entworfen hatte. Wir fuhren an einem Freitagabend nach der Maturitätsprüfung mit dem Zug von Schaffhausen nach Zürich und nahmen das Tram zur Endstation Rehalp. Von dort aus ging es in einer Nachtwanderung über den Pfannenstiel und den Rapperswiler Damm hinauf auf den Etzel, wo wir am Samstagabend eintrafen und zu dritt im Gasthaus in einem Ehebett übernachteten. Anderntags ging's über Schindellegi, Hütten und Hirzel nach Sihlbrugg, mit Übernachtung auf dem Heustock der dortigen Gasthausscheune, und am dritten Tag über den Albis und Üetliberg nach Zürich und zurück nach Schaffhausen.

Wir hatten schon einmal so eine Gewalttour zu dritt unternommen: Mit den Velos fuhren wir nach Richterswil, gaben diese dort am SBB-Schalter zum Weitertransport nach Schwyz ab und wanderten nächtlicherweile auf dem Weg, den ich jeweils mit der Grossmutter begangen hatte, nach Einsiedeln, wo wir gerade zur Zeit der Frühmesse eintrafen. Nach dem Frühstückshalt im Kloster ging's weiter durchs Alpthal auf die Holzegg und hinauf auf den Grossen Mythen, dann hinunter nach Schwyz. Am dortigen Bahnhof standen tatsächlich unsere Velos zur Weiterfahrt nach Gersau bereit, wo wir den Rest des Sonntags mit der Teilnahme an einer Tagung der Abstinentenverbindungen diverser Kantonsschulen verbrachten und spätnachmittags per Zug nach Schaffhausen aufbrachen. Diesmal hatten Gerhard, Heinz und ich einzig den Samstag geschwänzt ...

Mit dem Velo vollbrachte ich auch sonst etliche sportliche Leistungen, vor allem mit Peter Zeindler, dem später erfolgreichen Krimiautor. Wir waren dick befreundet, verliebten uns aber zur gleichen Zeit in Monika, welche ihre Sommerferien in Morges verbrachte. Wir beschlossen, sie mit dem Fahrrad zu besuchen, und fuhren los. Übernachtet wurde ein erstes Mal in Solothurn bei einem von meiner Mutter vermittelten Pfarrer. Dann ging's los Richtung Genfersee. Unsere Abmachung hiess: First is first. Sechzehn Kilometer vor Morges brach eine meiner Pedalen. Peter liess mich einfach stehen, und als ich verspätet in Morges ankam, sass er bereits mit Monika draussen auf dem See in einem Ruderboot. Trotzdem fuhren wir zwei später friedlich über den Col du Pillon nach Hause: Die Monika hat sich dann für einen Dritten entschieden.

Selbst internationale Reisen lagen drin: Mein Bruder Ernst und ich fuhren per Autostopp nach Paris. Im Portemonnaie waren je zwanzig Franken, im Rucksack Landjäger und Sardinenbüchsen. Je sechzehn Franken kostete das Hotel für vier Tage. Für die U-Bahn reichte es nicht, dafür waren lange Fussmärsche durch Paris angesagt.

Schon als Gymnasiast war ich politisch tätig, wobei mich ein Seminar der UNESCO in München ein Jahr vor der Matur speziell politisierte. Zusammen mit dem späteren Schriftsteller Hugo Loetscher und dem späteren Nationalrat Leo Schürmann – dieser damals Jusstudent – kämpfte ich für den Beitritt der Schweiz zum Europarat.

Kapitel 2
Studium

> «Am Samstag benutzten wir jeweils das öffentliche städtische Bad, wo man für kurze Zeit und wenig Geld eine Badewanne mieten konnte.»

Es war weder Medizin noch Veterinärmedizin noch Altphilologie, sondern Theologie, die ich für mein Studium ab Wintersemester 1953 in Zürich gewählt habe. Natürlich war auch Gerhard dabei. Als Erstsemestrige empfing uns freundlich der Präsident der Fachschaft, das heisst der Studentenschaft. Es war dies Ernst Sieber. Ich zog damals zu meiner Grossmutter nach Richterswil. Jeweils um sechs Uhr dreizehn fuhr dort der Zug ab nach Zürich, in den immer auch Regierungsrat Streuli, unser Nachbar, später Bundesrat, mit seiner NZZ unter dem Arm einstieg. Um sieben Uhr fünfzehn begann von Montag bis Donnerstag die Vorlesung «Geschichte Israels» bei Professor Wildberger. Fasziniert waren wir von der Vorlesung und dem Seminar bei Professor Eduard Schweizer, der wissenschaftliches Denken und tiefen Glauben eindrücklich verbinden konnte. Spannend waren auch die Vorlesungen des Kirchenhistorikers Blanke, der uns damals teilnehmen liess an der Menügestaltung für Kaiser Haile Selassie aus Äthiopien, der in Zürich einen Teil seines Staatsbesuchs abhielt und für dessen korrekte Fütterung der Regierungsrat die Hilfe des Kirchenhistorikers in Anspruch nahm.

Mein guter Freund in Richterswil war Jürg Gaegauf, der ebenfalls Theologie studierte. Ungezählt sind die Abendessen in der Villa seiner Mutter. Jürg war eine besondere, tief menschliche Persönlichkeit. Wir betrieben unter anderem auch einen Tauschhandel: Ich erteilte ihm Hebräischunterricht, er lehrte mich in seinem Mercedes-Cabriolet das Autofahren. Die Fahrprüfung allerdings gelang nicht beim ersten Versuch. Der Prüfungsexperte, als er die zwei Jünglinge mit dem weissen Sportwagen anfahren sah, wollte es diesen zeigen. Schon nach wenigen

Metern schickte er mich wieder nach Hause: Ich solle gefälligst bei einem normalen Fahrlehrer mit einem normalen Auto das Fahren lernen. Nach dem Theologiestudium trat Jürg in die Credit Suisse als Banker ein. Gleichzeitig übernahm er Stellvertretungen als Pfarrer und löste einmal in Andelfingen einen Skandal aus, als er von der Kanzel herab verkündete, der Pfarrerlohn reiche nicht einmal für ein anständiges Frühstück.

Eine Sensation war in unserem ersten Semester die Gastvorlesung des berühmt-berüchtigten Theologen Rudolf Bultmann mit seinem Programm der Entmythologisierung: «Man kann nicht das elektrische Licht anmachen und zugleich an die Mythen der Bibel glauben.» Ich verstand zwar kaum ein Wort, geblieben ist mir aber, dass Professor Bultmann immer Tränen kamen, wenn in Zürich die Kirchenglocken läuteten. Wir deuteten dies als pietistische Reste bei dem Entmythologisierungstheologen.

Natürlich kamen Gerhard und ich wieder auf höchst kuriose Ideen. So beschlossen wir einmal, ein ganzes Semester hindurch zum Mittagessen einen Cervelat, eine Essiggurke und ein «Bürli» zu essen. Der Cervelat kostete vierzig Rappen, die Gurken fünf Rappen. Wir verzehrten dies jeweils auf der Peterhofstatt und deponierten die Mostflasche in einer Ecke. Ab und zu fand unser Mittagessen, oft zusammen mit Heinz Lippuner, in der Volksküche an der Schipfe statt, inmitten von zahnlosen Greisen und traurigen Existenzen. Ein Pfarrer vom Land war manchmal auch mit dabei. Im Übrigen waren damals fünftausend Studenten an der Uni Zürich eingeschrieben, von denen ich manche über die Fakultätsgrenze hinaus kannte.

Nach drei Semestern zog es mich zum Studium nach Basel, einmal, weil meine Freundin und spätere Frau Vreni in Liestal wohnte, aber auch, weil ich den grossen Theologen Karl Barth erleben wollte. Ein harter Brocken war das Seminar des damaligen Privatdozenten und späteren Professors Heinrich Ott über «Sein und Zeit» von Martin Heidegger. Zu meiner Verblüffung diskutierte ein japanischer Student in deutscher Sprache fliessend mit; er hatte angeblich die deutsche Sprache in einem Monat erlernt. In diesem Seminar sass auch der Student Ernst Albrecht, später Ministerpräsident von Niedersachsen und Vater der Bundesministerin von der Leyen. Die eigentliche Auseinandersetzung mit der Theologie Barths erfolgte aber einige Semester später, nach dem Auslandsemester in Bonn im Sommersemester 1956.

Natürlich wechselte ich nicht allein nach Bonn, Gerhard Blocher war selbstverständlich dabei. Wir mieteten ein Zimmer in einem Vorort der Stadt. An die Rheinische Friedrich-Wilhelms-Universität zogen uns die Professoren Helmut Gollwitzer, Hans-Joachim Iwand und Martin Noth.

Insbesondere die Arbeit am Alten Testament unter dem strengen, aber äusserst kompetenten Martin Noth war eine Offenbarung für uns. Ich sah mich schon als späteren Spezialisten für das Alte Testament. Aufregend waren die Vorlesungen des Dogmatikers Iwand, ein durch und durch lutherischer Theologe, und trotzdem nahe bei Karl Barth. Gerhard und ich stritten uns jeweils schon während der Vorlesung, und es zeigten sich erste Risse zwischen unseren theologischen Positionen: Ich neigte bald stärker zur Ethik, Gerhard blieb strammer Dogmatiker. Die Auseinandersetzungen gingen in der gemeinsamen Wohnung weiter, persönlich vertrugen wir uns nach wie vor sehr gut, was auch notwendig war, lagen wir doch ein Semester lang im gleichen Doppelbett.

Professor Gollwitzer, der erste Doktorand von Karl Barth und bekannt durch sein Buch über sein Wirken als Feldprediger in der russischen Gefangenschaft, führte ausnahmsweise ein homiletisches Seminar durch; also ein Seminar zur Lehre von der Predigt. An der ersten Sitzung dieses Seminars setzte sich Professor Gollwitzer vorne an den Tisch, zündete seine Pfeife an und begann mit der Arbeit. Gerhard und ich, als wir den rauchenden Professor sahen, zündeten sich auch gleich eine Pfeife an, wie es sich für Barthianer gehörte. Doch Professor Gollwitzer protestierte sogleich: «Das Rauchen ist das ausschliessliche Vorrecht des Seminarleiters.» Damit war den demokratischen Schweizern der Tarif, der hier galt, durchgegeben.

Zu den Besonderheiten der damaligen Zeit gehörte, dass immer wieder Studenten direkt aus der sowjetischen Gefangenschaft, oft in abgewetzten Trainingsanzügen, zur Vorlesung kamen. Die Verpflegung in der Unimensa war bescheiden, es gab zwei Menüs: Entweder ein Liter Schokoladenpudding für fünfundzwanzig Pfennig oder ein Teller Kartoffeln mit Tunke für fünfzig Pfennig.

Gemeinsam erkundeten wir, zusammen mit einem weiteren Schweizer Studenten, Paulus Walder, die Umgebung, vor allem die schöne Rheinlandschaft. Am Samstag benutzten wir jeweils das öffentliche städtische Bad, wo man für kurze Zeit und wenig Geld eine Badewanne mieten konnte.

Mit grossem Interesse verfolgte ich oft die Sitzungen im deutschen Bundestag. Das aufrechte Stolzieren des Kanzlers Adenauer ist mir unvergesslich geblieben. Einmal ging's per Autostopp, damals normal für Studenten, bis in den nördlichsten Teil Deutschlands, das heisst bis Kiel hinauf.

Gemeinsam mit anderen Studierenden warteten wir jeweils auf die neue Ausgabe des «Spiegels», über dessen Inhalt die wildesten Diskussionen entstanden. Ich wurde auf jeden Fall stark politisiert und begann mich mehr als früher für Fragen des Friedens und der Ostpolitik zu interessieren.

Oft besuchten wir Studenten, manchmal zusammen mit unseren Professoren, am Sonntag den Universitätsgottesdienst. Geblieben ist mir die Explosion unseres verehrten Professors Iwand in einem solchen Gottesdienst. Der predigende Pfarrer äusserte politische Sätze, die den leidenschaftlichen Professor Iwand in Rage brachten. Er stand mitten im Gottesdienst auf und rief: «Hier hört alle christliche Nächstenliebe auf, dieser Kerl jehört an die Wand jeklatscht!» – und verliess krachend das Gotteshaus. Ebenso leidenschaftlich korrigierte Professor Iwand die Arbeiten von uns Studenten. Am Rande eines Predigtentwurfs meinerseits finden sich reihenweise Aufschreie des Entsetzens über meine Arbeit, zum Beispiel «das ist alles barer Unsinn». Oder: «Denn einige Aussagen [...] sind so unzureichend, dass er nie ein Seelsorger in der

Verkündigung werden kann, wenn er keine Klarheit gewinnt.» Während der Besprechung meiner Predigt brüllte er mich andauernd an, allerdings einige Male unterbrochen durch einen liebevollen Hundeblick: «Sie nehmen mir es nicht übel, gell.»

Ab dem Wintersemester 1956/1957 fand das Studium wieder in Basel statt, natürlich wiederum mit Gerhard und fokussiert auf Karl Barth. Ziemlich eingeschüchtert sass ich anfänglich in den Seminaren von Barth, in dem eloquente deutsche Studenten, viele aus der DDR, den Ton angaben. Daneben gab es spannende Begegnungen mit Kollegen, so dem Sohn eines US-Admirals oder einem Erfindertalent aus Australien: Er hat ferngesteuerte Zäune für Schafweiden in Australien entwickelt. Da ich knapp bei Kasse war – ich erhielt jeweils ein kleines Stipendium –, suchte auch ich Arbeit. Pfarrer Neidhart, später Professor für Katechetik, sah in mir ein Naturtalent für Religionsunterricht. Dass ich die Schüler in zwei Basler Gymnasien entweder um sieben Uhr oder elf Uhr morgens nur mit Körperstrafen im Zaum halten konnte, beschämt mich noch heute. Hier ein Zitat aus dem Protokollheft der Schüler vom 23. September 1959: «Zuerst sangen wir ‹Nun danket alle Gott›, dann sprachen wir über die unterentwickelten Völker, die den christlichen Glauben nicht kennen. Was man machen kann, damit diese Völker auch den Glauben bekommen. Als wir mit diesem Kapitel fertig waren, schrieben wir in unser Heft ‹Die Rede von den letzten Dingen›. Leider bekamen 3 Kameraden von Herrn Ruh ein paar Ohrfeigen.» Die Peinlichkeit wegen meines Unterrichtsstils holte mich sogar noch als Professor an der Universität Zürich ein. Einmal begegnete ich da dem Hirnforscher Martin Schwab, der mir erklärte, er habe in Basel meinen Religionsunterricht «genossen» und ich hätte ihm einmal eine gewaltige Ohrfeige heruntergehauen.

Die grosse Figur neben Karl Barth war damals der Philosoph Karl Jaspers. Die zwei mochten sich offensichtlich nicht besonders. Barth sagte einmal nach seiner Vorlesung, als im Hörsaal darüber die Vorlesung von Jaspers stattfand: «Es beginnt nun das Jasperlitheater.» Jaspers war jedoch für mich in jeder Hinsicht eindrücklich. Er hatte stets ein volles Wasserglas auf dem Vorlesungspult stehen, benützte es aber nie. Einmal näherte sich ihm während der Vorlesung ein psychisch verwirrter Mann mit drohender Miene und wir befürchteten das Schlimmste. Aber nun erwies sich der Philosoph Jaspers als Psychiater, der er auch war, auf der Höhe: Er besänftigte vor unseren Augen den wilden Mann und beruhigte ihn nach einigen Minuten total. Zum ersten Mal nahm er dann einen Schluck aus dem Wasserglas, das war das Maximum an Aufregung, das er zeigte.

Noch immer bestand die Freundschaft zwischen Gerhard Blocher und mir. Seine Frau, als Krankenschwester ausgebildet, pflegte den Grossvater von Vreni bis zu seinem Tode. Auch besuchten Vreni und ich Gerhard in seinem Pfarrhaus im appenzellischen Schönengrund. Mit der Zeit wuchsen aber die Spannungen insbesondere hinsichtlich des Dienstes, den wir als Theologen der Kirche und der Gesellschaft zu leisten haben. Gerhard fand zum Beispiel meine Arbeit an einer Dissertation völlig daneben. Aber noch standen wir in intensivem brieflichem Kontakt, in dem es um persönliche, aber vor allem um theologische Fragen ging. Hier eine Passage aus einem Brief von Gerhard vom 12. Dezember 1959 an mich: «Und nun rasch zu den theologischen Ausführungen Deines Briefes. Ich glaube sie gut verstanden zu haben. Dass hier Probleme liegen, die nicht so ganz unwichtig sind, ist mir bekannt. Ich muss aber sofort laut ‹Hilfe!› rufen! Es scheint mir in Deinen Ausführungen alles umgekehrt zu sein. Du schreibst: Die Grundfrage besteht darin, das Verhältnis von Gott–Mensch, Versöhnung–Schöpfung, Gnade–Natur, Christengemeinde–Bürgergemeinde usw. zu bestimmen. Und das ganz besonders: Wie sieht diese Frage aus unter Voraussetzung, dass Gott Mensch geworden ist? Es sei auf diese Verhältnisbestimmungen eine Antwort zu suchen, d.h. – auf das kommt es bei Deinen Ausführungen heraus – theologische Möglichkeiten zu suchen, an die Fragestellungen heranzugehen und sie zu lösen. Es bieten sich dabei drei Lösungen an: Bultmann und Brunner: (Gott) wird *Mensch;* Barths Römerbrief: *Gott* wird (Mensch) und die letzte richtige, KD: *Gott* wird *Mensch.* Du erklärst die dritte Möglichkeit als die richtige, weil sie das philosophische Schema Objekt – Subjekt durchbrochen habe [...] Wenn ich boshaft sein wollte, müsste ich sagen, dass Du um kein Haar besser ‹arbeitest› als Bultmann und Brunner. Die haben nämlich beide auch so verkehrt angefangen wie Du.»

Wir lebten uns – leider – aus persönlichen, theologischen und politischen Gründen auseinander und verloren uns fast völlig aus den Augen. Immer mehr verstärkte sich eine skurril-rechtslastige Seite in ihm. So sei die Predigt immer mit Blick auf die Bibel und das schweizerische Armeereglement zu erstellen – dies eine seiner Aussagen. Noch schlimmer war sein Fernsehauftritt vor der Nicht-Wiederwahl seines Bruders Christoph in den Bundesrat. Getröstet hat mich die Mitteilung seiner Schwester Judith: Gerhard sei nach schweren gesundheitlichen Schäden plötzlich wieder der liebe und zufriedene Gerhard der Jugend geworden.

Nach der abgeschlossenen Dissertation und der bestandenen Doktorprüfung erlaubten sich meine Frau Vreni und ich mit dem dreijährigen Sohn Michael einen Englandurlaub von sechs Wochen. Die Doktorprüfung ging übrigens gut über die Bühne, wiederum nicht ohne ein lustiges Ereignis. Beisitzer der Prüfung waren die Professoren Max Geiger und Karl Barth, der Prüfende im Fach Neues Testament war der aus Schweden stammende, aus sprachlichen Gründen etwas bedächtige Professor Bo Reicke. Als er mit Bibelkunde im Neuen Testament anfing, begann ich mit dem Aufzählen der zwölf Frauen und der vielen Kinder des Königs Herodes, ohne dass der etwas unbeholfene Prüfer dazwischen ging. So verging die Zeit sehr rasch. Karl Barth, der sich vor Lachen kaum halten konnte, schob währenddes dem Max Geiger einen Zettel zu, den mir dieser später überreichte. In Originalschrift Karl Barth stand auf dem Zettel: Ruh hat nur schon wegen der Frauen des Herodes summa cum laude verdient.

Nun aber zurück zu England. Für die Reise benutzten wir den alten Chevrolet meiner Schwiegereltern. An einem heissen Morgen fuhren wir in Südengland in einer langen, schläfrig-langsamen Kolonne dahin – es war der ersten Tag eines sogenannten Bank-Holiday – und schauten aus nach einem Restaurant für das Frühstück. Plötzlich sah ich in der Ferne ein Hotel; ich gab mit dem sogenannten Winker das Zeichen, dass ich nach rechts abbiegen wollte. Nun war es damals so, dass die Engländer bei ihrem Linksverkehr beim Rechtsabbiegen die Hand aus dem Fenster hielten, was ich nicht konnte, da ich links am Steuer sass. Als ich das Tempo verlangsamte und nach rechts abbog, konnte der Fahrer hinter mir noch bremsen, aber hinter ihm krachten gegen vierzig Autos, zum Teil beladen mit Schiffen, ineinander. Noch als wir schon im Hof des Hotels angehalten hatten, krachte es weiter auf der Strasse. Ich befürchtete nun das Schlimmste beim Anblick der Kolonne aus einem Gemisch von Schiffen und Autos. Wir standen ratlos vor dem Hotel und längere Zeit passierte nichts. Dann kam plötzlich ein Polizist auf einem Velo auf uns zu, seinen Helm auf dem Gepäckträger befestigt. Er begrüsste mich freundlich mit «Hello boy!» und teilte mir mit, ich könne weiterfahren, denn «the man behind you» habe gesagt, ich hätte mich absolut korrekt verhalten. «Go on, no problem.» Wir mussten aber zuerst die ganze Misere verdauen: Ich hatte etwa vierzig Familien den Bank-Holiday vermiest. Mit Bewunderung für die Korrektheit der Engländer verliessen wir ohne Frühstück den Ort des Geschehens.

Kapitel 3
Berlin

"Gegen Mitternacht machte ich mich ziemlich nervös auf den Weg Richtung Checkpoint Charlie und wurde sofort nach hinten kommandiert."

Gegen Ende der Dissertationszeit stand natürlich auch die Überlegung im Vordergrund, was nach Abschluss der Doktorarbeit geschehen soll. Bereits gab es verschiedene Angebote, zum Beispiel von Pfarrgemeinden; insbesondere die Kirchgemeinde Rotmonten in St. Gallen streckte ihre Fühler aus. Gleichzeitig kam aus den USA ein Angebot für ein Studentenpfarramt in Denver. Als besonderes Lockmittel wurde gesagt, es gäbe dort neben der Arbeit mit den Studenten viel Zeit für «fishing» und «hunting». Von diesem Angebot habe ich auch einmal Karl Barth erzählt. Er winkte konsterniert ab und meinte, für solche Dinge hätte ich wohl kaum bei ihm eine Dissertation geschrieben. Es gab viele Gespräche mit Freunden und Bekannten, unter anderem mit Pfarrer Martin Schwarz, dem Gefängnispfarrer von Basel und Freund von Karl Barth, sowie mit Professor Max Geiger. Mitten in diesen Gesprächen kam dann ein Angebot aus Berlin, die Gossner Mission suchte einen theologischen Mitarbeiter. Aus verschiedenen Gründen war diese Anfrage sehr verlockend, zum einen die Aussicht, ins Ausland zu gehen, zum andern aber auch deshalb, weil die Arbeit bei der Gossner Mission auf der Linie der theologischen und politischen Ziele lag, welche im Milieu rund um Karl Barth im Vordergrund standen. Ich brachte in Erfahrung, dass die Gossner Mission neue Formen von Kirche und Pfarramt in der säkularen und kommunistischen Welt erproben wollte und dass die Arbeit für den Frieden im Vordergrund stand.

Mit der Zeit wurde mir immer klarer, dass ich über die Arbeit in der Gossner Mission so etwas wie die Aktualisierung theologischer Positionen ermöglichen konnte, die mir über die Zeit des Studiums beziehungsweise der Dissertation hinaus wichtig geworden waren. Das Zentrum dieser theologischen Positionen habe ich später in einem Aufsatz in der Festschrift zum achtzigsten Geburtstag von Karl Barth formuliert. Der Titel dieses Aufsatzes lautet: Weltwirklichkeit und politische Entscheidungen.

Eine Grundthese bei Barth, so habe ich damals geschrieben, besteht darin, dass die eigentliche Wirklichkeit die von Gott versöhnte Welt und nicht die Weltgeschichte ist. Ein paar Sätze sollen diesen Gedanken verdeutlichen.

> In seinem 1949 gehaltenen Vortrag «die Kirche zwischen Ost und West» sagt Barth im Zuge der Beschreibung des Ost-West-Gegensatzes: «Sofern es heute nur um jenen Gegensatz geht: Russland und Amerika, ist ein einziges Lied von Paul Gerhardt stärker als das Schlimmste, was wir in der Zeitung gelesen haben oder je lesen und selbst erleben werden.» (Barth, 1949, S. 8f.)
> Wer so von der Wirklichkeit der doch wohl gewaltigsten geschichtlich-politischen Mächte der Gegenwart reden kann, der deutet damit unmissverständlich an, dass er noch eine ganz andere Wirklichkeit, und zwar eine ganz andere Wirklichkeit der Weltgeschichte, kennt. […] Mit anderen Worten: Die Wirklichkeit der Weltgeschichte schlechthin ist Heilsgeschichte, Geschichte Gottes mit der Welt in Jesus Christus, und zwar als die Geschichte des schon errungenen Sieges über das Böse und als die Geschichte mit der versöhnten Welt. Und das von Barth in diesem Zusammenhang angeführte Lied «Ein Wohlgefalln Gott an uns hat. Nun ist gross Fried ohn Unterlass. All Fehd hat nun ein Ende» redet nicht von irgendeinem Geschehen zwischen Gott und den Menschen, sondern es redet auch und gerade von der Wirklichkeit des Weltgeschehens. Erfrischend ist Barths Kommentar dazu: «Blöde Christenheit, die solches singen und immer noch so tun würde, als ob Alles ganz anders wäre!»

(Ruh, 1966, S. 544ff.)

Eine solche theologische Position war bestimmend für die politischen Aussagen, wie sie bei Barth und in dem von ihm beeinflussten Umfeld zu finden waren, etwa in der Kritik am Kalten Krieg und dem radikalen Antikommunismus. Der Gegensatz Ost-West sei nicht in Stein gemeisselt, notwendig sei nicht nur eine Sicherheitspolitik, sondern auch eine Strategie des Dialogs und der Annäherung über den Eisernen Vorhang hinweg.

Immer mehr wurde das Nachdenken über den Frieden zu einem zentralen Punkt meines politischen Denkens. Auch im Zusammenhang mit meinem Engagement in der Christlichen Friedenskonferenz verdichtete sich die Überzeugung, dass Fortschritte in der Beziehung zwischen West und Ost einzig über Kontakte, Dialoge, kritische Prüfung der eigenen Position und positive Signale zu erreichen sind. Plakativ gesagt: Es ging nicht darum, den Osten nur über die Position der Stärke im Zaume zu halten, sondern vielmehr ihn zu Tode zu lieben.

Ich verstand mich so als ein kleines Rädchen im Getriebe oder eine kleine Figur auf dem politischen Schachbrett, und zwar als kleine Figur im Rahmen einer Ostpolitik im Sinne des Slogans: Wandel durch Annäherung. Dies war ja die These von Egon Bahr und dann von Willy Brandt. Zwischen den Exponenten dieser Ostpolitik und kirchlichen leitenden Persönlichkeiten gab es durchaus Verbindungen. Ich denke da an Namen wie Helmut Gollwitzer, Gustav Heinemann, Martin Niemöller, Kurt Scharf und natürlich Karl Barth. Mit all diesen Persönlichkeiten hatte ich da und dort punktuell Kontakt und war überzeugt von der Richtigkeit ihrer Position.

Heute, nach dem Untergang der Sowjetunion, gibt es ja den interessanten Historikerstreit bezüglich der Strategie des Westens, welche am ehesten zu diesem Untergang beigesteuert hat. War es der Krieg der Sterne, das heisst die totale Aufrüstung von Präsident Ronald Reagan, welche die Sowjetunion ökonomisch in die Knie gezwungen hat? Oder war es die Ostpolitik im Sinne des Wandels durch Annäherung, welche die Bewusstseinslage und dann auch die Politik im Osten veränderte? Heute würde ich sagen: Es war beides. Im Übrigen sehe ich es als ein Wunder, ja als eine besondere Gnade, dass wir ohne Atomkrieg zwischen West und Ost davongekommen sind.

Ich habe stark den Eindruck, dass wir uns heute weltpolitisch wieder in einer mit damals vergleichbaren Lage befinden. Wiederum stehen sich Atommächte spannungsvoll gegenüber, wiederum ist ein grosser Krieg eine unakzeptable Katastrophe. Also bleibt nur eine gesellschaftlich-politische Strategie unterhalb der Kriegsschwelle. Natürlich muss zu dieser Strategie auch eine vernünftige Verteidigung gehören. Aber die einzige Chance auf Veränderung liegt, wie Ende der Achtzigerjahre, in der Initiierung von gesellschaftlichen, kulturellen und politischen Prozessen. Dazu gehören wirtschaftlicher Austausch, gemeinsame Projekte über die Spannung hinweg, intensive kulturelle, akademische und menschliche Kontakte usw., nicht zuletzt auch die Einsicht in mögliche Fehler der eigenen Seite und der Versuch, die Befindlichkeit der anderen Seite zu verstehen.

Die Anfrage der Gossner Mission eröffnete mir so die Chance, in meiner zukünftigen Arbeit einen Beitrag zu leisten zur Verwirklichung der grossen Visionen, wie sie im Umfeld von Karl Barth entwickelt worden waren. Ich nahm deshalb das Angebot der Gossner Mission an und bereitete mich mit meiner kleinen Familie auf die Abreise nach Berlin vor. Ich war aufs Äusserste gespannt, war ich doch im Begriff, meine theologischen Theorien auf einem konkreten Feld einer Nagelprobe zu unterziehen.

Es gab noch einen anderen Punkt, der mir, wiederum beeinflusst durch Karl Barth, für meine zukünftige Arbeit wichtig war. Dabei handelt es sich um das Verständnis der Kirche. Bei Barth und Dietrich Bonhoeffer lernte ich den Begriff der «Kirche für die Welt» näher kennen, insbesondere bei der Lektüre der zweiten Hälfte des Bandes IV,3 der Kirchlichen Dogmatik von Barth. Aus diesem Band war mir das folgende Zitat wegweisend:

> «Die klassische Lehre von der Kirche leidet unter demselben ‹heiligen Egoismus›, den wir schon in unserer Auseinandersetzung mit der klassischen Lehre von des Menschen Berufung zu beklagen fanden. Dass die Kirche nicht um ihrer selbst willen, sondern für die Welt da ist, wird in ihr überhaupt nicht sichtbar [...]. Die wirkliche Gemeinde Jesu Christi ist die von Gott in und mit ihrer Begründung in die Welt gesendete Gemeinde. Eben als solche ist sie für die Welt da.»
>
> (Barth, 1959, S. 878)

Ich habe später in meiner Habilitationsschrift dieses Kirchenverständnis von Karl Barth ausgeführt. Eindrücklich bleibt mir ein dort aufgeführtes Zitat von Barth, welches die kirchliche Ausrichtung auf die Welt beschreibt. In diesem Zitat geht es darum, dass die Kirche nicht für sich selber da sein kann, sondern eben für die Welt. Hier nun das Zitat aus meiner Habilitationsschrift:

> Karl Barth hat in einer Zeit, da sich seine Umwelt getreu dem Programm des «Jahrhunderts der Kirche» anschickte, die Machtentfaltung und gleichzeitig die Verteidigung der Kirche in die Wege zu leiten, in drastischer Form ein narzisstisches Denken für die Kirche angegriffen. «Wem es um seine Sache, um sein Geschäft, um seine Partei, um seinen Stand und dergleichen geht, der mag und darf vielleicht so reden. Ein tüchtiger Reklame-Chef eines beinahe und doch noch nicht ganz fallit gegangenen alten Hauses mag und darf vielleicht so reden. Er würde es wahrscheinlich mit mehr Geist und Geschmack tun. Aber nicht wie, sondern dass die Kirche hier mittut, ist empörend. Wenn sie das tut, wenn sie dazu übergeht und dabei bleibt als eine Marktbude neben anderen [...] sich selbst anzupreisen und auszuposaunen, dann hat sie einfach und glatt aufgehört, Kirche und sein.»

(Ruh, 1971, S. 18f.)

Auch hier war ich gespannt, inwieweit diese ekklesiologischen Theorien sich als tragfähig und hilfreich erweisen würden in einem Staat, der dem Atheismus verpflichtet war.

Im September 1963 flogen wir nach Berlin und landeten am Flughafen Tempelhof, und zwar mit der Fluggesellschaft Pan Am, weil damals keine deutschen Flugzeuge in Berlin landen durften. Allerdings begann der Aufenthalt in Berlin mit einem kleinen Schock: Die von der Gossner Mission zur Verfügung gestellte Wohnung an der Bundesallee war für schweizerische Verhältnisse unkomfortabel und lärmig, und wir stolperten gleich zu Beginn über unzählige Bierflaschen und andere Abfälle unseres Vorgängers. Dieser Vorgänger war Harvey Cox, später Professor an der Harvard Divinity School. Cox hat in Berlin das Buch mit dem Titel «Stadt ohne Gott» geschrieben und damit eine gewisse Zeit Weltruhm erlangt, auf jeden Fall hat er mir bei einem späteren

Besuch meinerseits in Harvard erzählt, dass er Fanpost mit dem Lastwagen erhalten habe. Harvey Cox war ein ausserordentlich lustiger Mann und schlug mir sofort nach unserer Ankunft vor, mich bei meinem ersten Übergang nach Ostberlin zu begleiten. Meine Arbeit in Berlin sollte eben fast ausschliesslich in Ostberlin und in der DDR stattfinden. Also machte ich mich am andern Tag mit ihm zum Übergang Checkpoint Charlie auf. Ich war ziemlich nervös und, wie sich herausstellte, zu Recht, denn Cox wollte mir zeigen, wie man Dinge über die Grenze schmuggelt, die eigentlich verboten sind. In der Tat wurde er dann aufgerufen und er verschwand für längere Zeit in einem Hinterraum der Zollstation Checkpoint Charlie. Ich wartete sicher eineinhalb Stunden, bis er wieder erschien – in Begleitung eines Grenzsoldaten, der in einer kleinen Kiste eine Reihe von Gegenständen brachte, die er bei der Leibesvisitation gefunden hatte. Im Wesentlichen waren es Medikamente, Haushaltartikel, aber auch ein paar Drucksachen, alles Dinge, die man nicht von West nach Ost mitnehmen durfte. Zu meinem Erstaunen und Entsetzen packte Harvey Cox vor den Augen der Grenzwächter eine Reihe dieser Gegenstände, vor allem die Medikamente, wieder ein und gab den Zöllnern bei jedem Gegenstand in gebrochenem Deutsch eine Erklärung ab, warum er genau das mitnehmen müsse. Nachdem er das meiste wieder eingesteckt hatte, schlug er mir mit seiner Pranke auf meine Schulter, sagte «Come on, Hans!», und verliess mit mir vor den Augen der verdutzten Grenzer den Checkpoint Charlie Richtung Ostberlin. Dort machten wir uns auf den Weg zu den Büros der Gossner Mission Ostberlin an der Dimitrow-Strasse, wo ich sehr herzlich empfangen wurde von Generalsuperintendent Günther Jacob und Bruno Schottstädt. Jacob war damals Stellvertreter des Bischofsamtes in Ostberlin und Schottstädt war der Leiter der Gossner Mission.

Anlässlich dieser ersten Begegnung ging es darum, meine Arbeit genauer zu definieren. Formal war ich theologischer Mitarbeiter, und zwar im Sinne eines Fraternal Worker. So wurden in Berlin all die Theologinnen und Theologen und kirchlichen Mitarbeiter genannt, welche Brückenfunktionen zwischen Ost und West wahrnahmen. Harvey Cox war ebenfalls ein Fraternal Worker. Die Verwaltung der DDR hatte aber verlauten lassen, dass diese Stelle bei der Gossner Mission nur noch durch einen Angehörigen eines Nicht-Nato-Landes besetzt werden konnte. Dies war sicher auch ein Grund dafür, dass ich diese Stelle bekam.

Die Gespräche bei der Gossner Mission begannen für mich mit einer Überraschung. Es wurde mir eröffnet, dass nicht mehr wie vorgesehen das HEKS meinen Lohn bezahle, und zwar aus dem Grunde, dass ich nach Meinung des Leiters des HEKS, Pfarrer Hellstern, nicht in der Lage sei, mich auf dem Ostberliner Terrain angemessen zu bewegen. Einfach ausgedrückt: Ich galt, obwohl aus der Küche von Karl Barth stammend, als zu kritisch dem Kommunismus gegenüber. Das Unglück war aber nicht so gross, weil offenbar sofort eine amerikanische Kirche eingesprungen war und sich verpflichtete, mir für zwei Jahre den bescheidenen Lohn auszurichten. Es handelte sich übrigens um tausend D-Mark pro Monat.

Im Gespräch ging es nachher um die Erwartungen, welche die Gossner Mission an meine Arbeit hatte. Diese sollte einen Beitrag leisten zu den Schwerpunkten der Arbeit der Gossner Mission. Generell kann man sagen, dass es der Gossner Mission darum ging, das christliche Zeugnis im Sozialismus zu konkretisieren, und zwar jenseits einer blossen Anpassung an das SED-Regime, aber auch jenseits eines prinzipiellen Antikommunismus.

Hier braucht es ein paar Erklärungen zur damaligen Situation der Kirche in der DDR. Einerseits war die Kirche vom Staat anerkannt, der Staat bezahlte die Pfarrgehälter und unterhielt sechs theologische Fakultäten. Anderseits mussten Christen mit schwerwiegenden Nachteilen rechnen. Wer sich konfirmieren liess und nicht zur Jugendweihe ging, hatte Benachteiligungen zu befürchten: in der Schule, in der Ausbildung, an der Uni und im Beruf. Viele Pfarrer litten unter dem Spagat zwischen Opposition gegenüber einem nicht legitimierten Staat und der Vermeidung von Benachteiligungen für die Christen, die eigene Familie und die Kirche. Insgesamt herrschte bei den offiziellen Kirchen die Überzeugung, dass das DDR-Regime eigentlich keine Legitimation besass. Das ging so weit, dass der ostdeutsche Bischof Dibelius einmal in einer Predigt verkündete, eigentlich könne man in Ostberlin bei Rot über die Kreuzung fahren, weil der Staat keine Legitimation zur Verkehrsregelung habe.

Ich selber habe dann immer wieder erlebt, wie die Kirche und vor allem Pfarrer zum Ausdruck brachten, dass sie eigentlich den Staat DDR nicht als rechtens betrachteten. Ich kann mich an Vorträge in Städten der DDR erinnern, bei denen manchmal bis zu hundert Pfarrer dabei waren. Anschliessend lud der Rat des Kreises, das heisst die lokale Regierung, zu einem Apéro ein, doch die überwiegende Mehrheit der Pfarrer weigerte sich, an einem solchen teilzunehmen. In dieser Situation ging es der Gossner Mission darum, Wege zu finden für eine echte christliche Existenz und Antwort auf diese Situation.

Manchmal nahm die protestantische Bischofskonferenz meine Dienste in Anspruch. Ich war sogar Gast bei deren Konferenz. Während meines Aufenthaltes in Berlin gab es in der DDR die Diskussion über die sogenannten Bausoldaten. Insbesondere die Kirche forderte einen waffenlosen Dienst für Dienstverweigerer aus Gewissensgründen. In diesem Zusammenhang gab es eine Einladung des Staatsratsvorsitzenden, Walter Ulbricht, an die Bischofskonferenz für ein Gespräch in dieser Sache. Die Bischofskonferenz wollte sich besonders gut vorbereiten auf dieses Gespräch, und ich bekam den Auftrag, ein Psychogramm von Walter Ulbricht zu erstellen, damit sich die Bischöfe eine genaue Vorstellung von ihrem Gesprächspartner machen konnten. Ich sammelte also in Westberlin alle möglichen Informationen über Ulbricht, die ich dann in einem abhörsicheren Raum einigen Bischöfen mündlich vortrug. Meine Hauptthese war: Walter Ulbricht ist eigentlich ein Psychopath. Er hatte als Emigrant während des Zweiten Weltkrieges im berüchtigten Hotel Lux in Moskau jeweils dem Diktator Stalin Namen von deutschen Emigranten zu nennen, die getötet werden sollten. Geblieben ist eine psychologische Grammatik mit folgendem Inhalt: Ich muss deutsche Menschen plagen.

Gossner Mission

Die Gossner Mission wurde im neunzehnten Jahrhundert von Johannes Gossner als klassische Missionsgesellschaft gegründet. Ihr besonderes Missionsfeld war Indien, dort im Staat Kerala, wo bis heute eine starke christliche Kirche existiert. Nach dem Zweiten Weltkrieg gab es eine andere Ausrichtung der Gossner Mission, wobei die Verbindung mit Indien durchaus geblieben ist.

Es sind eigentlich zwei Wahrnehmungen, welche die neue Ausrichtung der Gossner Mission bestimmt haben. Die eine Wahrnehmung kann man mit dem Schlagwort «Ende des Konstantinischen Zeitalters» beschreiben. Damit ist gemeint, dass traditionelle kirchliche Strukturen zerfallen, dass immer mehr Menschen sich von der Kirche abwenden und dass es darum neue missionarische Strukturen auch in Europa und in Deutschland braucht. Dazu kam eine weitere spezielle Wahrnehmung der Gossner Mission in der DDR: Hier sah sich die Kirche plötzlich einem Regime gegenüber, welches den Atheismus propagierte. Damit ergab sich eine neue Situation für die Kirche: Es ging um die Frage, wie eine christliche Existenz in einem atheistischen und kommunistischen Land möglich und zu gestalten sei.

Der Gossner Mission ging es um zwei Dinge: Was heisst Christ sein am Ende des konstantinischen Zeitalters und in einer kommunistischen Staatsform? In dieser Hinsicht war die Gossner Mission stets experimentell-avantgardistisch unterwegs. Es begann Ende der Vierzigerjahre mit der Wohnwagenarbeit in einer verlassenen Gegend, wo Pfarrer der Gossner Mission mit grossem Engagement zum Gottesdienst einluden und einen Besuchsdienst aufbauten. In einem nächsten Schritt orientierte sich die Gossner Mission an der Idee der Arbeiterpriester. 1958 gingen fünf Theologen, alle mit Erfahrungen aus der Wohnwagenzeit, auf Arbeitssuche auf Grossbaustellen in der Niederlausitz und wurden als Bauhilfsarbeiter angestellt. Bedeutsam waren dabei Gespräche über Kirche und Glauben mit Kollegen am Arbeitsplatz. Der nächste Schwerpunkt betraf die Schaffung von Team- oder Gruppenpfarrämtern, in denen werktätige Theologen gemeinsam eine

Pfarrstelle versahen. Eine weitere Tätigkeit bestand im Aufbau und der Organisation von Gemeindeseminaren. Auf diese Weise gab es starke Impulse in die offizielle Kirche hinein. Anderseits kam die Gossner Mission in den Verruf der Kollaboration, weil sie bewusst Kirche *im* Sozialismus, aber nicht *gegen* den Sozialismus auf ihre Fahnen geschrieben hatte. Es gehörte zu meinen Aufgaben, diese Tätigkeiten theologisch zu unterstützen, unter anderem durch Vorträge bei Pfarrern und Seminaren für Studierende. Daneben war ich auch praktisch tätig. Manchmal warb ich von Haustür zu Haustür an der Karl-Marx-Allee für unseren Gottesdienst. Auch hatte ich die Aufgabe, einen Ehepaarkreis zu betreuen, der sich monatlich an einem Weekend zu Gottesdienst und Gesprächen versammelte. Ich bekam so berührende Einblicke in den DDR-Alltag.

Grenzgeschichten

Mehrmals in der Woche hatte ich den Übergang Checkpoint Charlie zu überqueren. Dort musste ich jedes Mal die gleiche Prozedur über mich ergehen lassen: Ich musste das mitgeführte Geld notieren und mehr oder weniger lange warten, bis die Beamten meinen Pass kontrolliert hatten. Mit der Zeit kannte ich einige der Grenzsoldaten fast persönlich und es gab, obwohl der Checkpoint Charlie ein makaberer Ort war, immer wieder lustige Erlebnisse. Ich erinnere mich besonders an den Todestag von Präsident John F. Kennedy am 22. November 1964. Sein Tod war ein Schock für Westberlin, und ich vertiefte mich vor meinem Übergang am Checkpoint Charlie in einige Zeitungen. Nun war es streng verboten, westliche Zeitungen bei sich zu haben, wenn man nach Ostberlin gehen wollte. Aus Versehen und wahrscheinlich unter dem Eindruck der Ereignisse steckte ich zwei Zeitungen in meine Manteltasche und machte mich zum Checkpoint Charlie auf. Dort gab es die übliche Frage: Haben Sie Drucksachen dabei? Ich erschrak und zog meine Zeitungen aus der Tasche und übergab sie dem Grenzsoldaten. Daraufhin ging am Checkpoint Charlie gar nichts mehr. Die Schalter wurden geschlossen, und ich konnte feststellen, dass die ganze Schar der Grenzsoldaten sich an die Lektüre dieser Zeitungen machte. Nach zwei Stunden ging der Betrieb wieder weiter, und ich kam auf die Idee, diesen Grenzsoldaten ab und zu eine westliche Zeitung – sozusagen aus Versehen – mitzubringen. Das verlief dann nach einem gewissen Ritual. Ich steckte manchmal eine Zeitung ein, wurde dann barsch gefragt, ob ich was Gedrucktes dabei hätte, ich zog die Zeitung jeweils aus der Tasche und entschuldigte mich für mein Versehen.

Andere Ereignisse am Checkpoint Charlie waren weniger lustig. Es gehörte zu meinen Aufgaben, theologische Seminare für Studierende im Namen der Gossner Mission durchzuführen. Eine Schwierigkeit für solche Seminare war, dass man keine theologischen Bücher aus dem Westen nach Ostberlin mitnehmen durfte. Ich hatte mir deshalb eine spezielle Methode ausgedacht: Ich vervielfältigte theologische Texte und trug sie ab und zu unter dem Hemd versteckt nach Ostberlin. Nun führten wir einmal ein grösseres Seminar durch, bei dem es um das Verständnis der Existenz Gottes ging. Ich hatte Abschriften aus dem Buch «Die Existenz Gottes im Bekenntnis des Glaubens» von Helmut Gollwitzer herübergeschmuggelt. Einigen westlichen Teilnehmern gab ich den Auftrag, jeweils einige Seiten aus einem Buch von Hermann Kutter unter dem Hemd herüberzubringen. Wir hatten abgemacht, dass eine Person jeweils nur einige Seiten herüberzubringen hatte. Während des Seminars trafen dann wie abgemacht die ersten Seiten von Hermann Kutter ein. Was aber bedrohlich war, war der Umstand, dass plötzlich die Seiten 6–10 fehlten, obwohl die Seiten 11–20 schon da waren. Das konnte nur so viel bedeuten, dass die Übermittler der Seiten 6–10 am Checkpoint Charlie hängen geblieben waren. So war es dann auch, und gegen Abend kamen ganz aufgelöst zwei Studenten, welche mir mitteilten, sie seien einer Leibesvisitation unterzogen worden, verbunden mit einem scharfen Verhör, bei dem sie meinen Namen nennen mussten. Ich konnte mir also ausrechnen, was mich bei meiner Rückkehr am Checkpoint Charlie erwarten würde. Ich bat noch einen der Schweizer Studenten, meine Frau dahin zu benachrichtigen, dass ich wahrscheinlich erst spät in der Nacht, wenn überhaupt, zurückkommen würde. Gegen Mitternacht machte ich mich ziemlich nervös auf den Weg Richtung Checkpoint Charlie und wurde sofort nach hinten kommandiert. Dort kam ich in einen kleinen Raum, in dem ein bewaffneter Grenzsoldat sass und ein anderer mir befahl, mich bis auf die Unterwäsche auszuziehen. Unter anderem kam dabei mein handgeschriebenes Manuskript über das genannte Buch von Gollwitzer zum Vorschein; der verhörende Grenzsoldat riss es an sich und fragte mich, was das sei. Ich erklärte, dass es sich um einen theologischen Vortrag handle. Der Grenzsoldat begann darauf mit dem Versuch, meinen Text zu lesen, aber bei meiner Schrift hatte er nicht die geringste Chance. Ich sass immer noch in meiner Unterwäsche da. Es war gegen zwei Uhr morgens, und ich machte ihm den Vorschlag, ich würde den Text vorlesen. Also begann ich mit der Lektüre, musste aber feststellen, dass der Grenzer mit dem Gewehr schon eingeschlafen war und der andere nicht das geringste Interesse an meinem Text zeigte. Ich machte deshalb den Vorschlag, dass ich eine kurze Zusammenfassung versuche. Der andere war damit einverstanden, brach die Übung aber ziemlich bald ab. Gegen Morgen wurde ich dann strengstens ermahnt, dass ich niemals mehr andere Menschen zu unerlaubten Handlungen verleiten solle. Ich durfte aber sogar mein Manuskript wieder einpacken, mich ankleiden und den Checkpoint Charlie verlassen.

Manchmal war der Übergang auch lustig: Einmal sagte mein vierjähriger Michael entrüstet zu den Grenzsoldaten: «Am Sonntag zieht man keine Stiefel an.»

Dass man keine Bücher nach Ostberlin transportieren durfte, war natürlich für meine Arbeit erschwerend. Aber es war generell so, dass die Pfarrer und auch die theologischen Fakultäten an einem Mangel an westlicher theologischer Literatur litten. Mich beschäftigte deshalb schon lange die Frage, ob es nicht Möglichkeiten gäbe für den Transfer theologischer Literatur. Eines Morgens fuhr ich mit meinem kleinen Auto durch die Strasse Unter den Linden und hatte plötzlich den Wunsch, mir die Humboldt-Universität etwas genauer anzuschauen. Ich parkte und betrat die Universität, zu meiner Überraschung ohne jede Kontrolle. Ich wanderte durch die Gänge der Universität, schaute in ein paar Hörsäle hinein und erblickte am Ende eines Ganges ein Gestell, auf dem Bücherpakete gelagert waren. Auf jedem dieser Bücherpakete stand eine sogenannte Sondergenehmigungsnummer. Es war also möglich, wenn man eine solche Sondergenehmigungsnummer bekam, Bücherpakete aus dem Westen zu empfangen. Es liegt auf der Hand, dass Sondergenehmigungsnummern eher regimetreue Personen oder Institutionen erhielten. Da kam mir plötzlich eine Idee: Ich besorgte mir einige theologische Bücher, unter anderem natürlich solche von Karl Barth, machte daraus ein schönes Paket und malte eine erfundene Sondergenehmigungsnummer darauf. Dann ging ich zu einem Westberliner Postamt und übergab das Paket versehen mit der Adresse der Humboldt-Universität. Ich war nun gespannt, wie sich die Sache entwickeln würde. Mehrmals schaute ich vergeblich auf dem genannten Gestell nach, aber nach einiger Zeit, ich glaube, es waren etwa zehn Tage, erblickte ich zu meinem grenzenlosen Erstaunen mein Paket auf diesem Gestell. Wie man das unter solchen Umständen macht, schaute ich mich um, und als keine Gefahr drohte, nahm ich das Paket mit und überbrachte es einer kirchlichen Amtsstelle an der Albrecht-Strasse, mit der ich immer wieder Kontakt hatte.

Es gab noch eine Alternative für den Büchertransfer. Ich hatte nämlich in Erfahrung gebracht, dass die Grenzsoldaten konfiszierte Bücher unter der Hand und privat an Interessenten in Ostberlin verkauften. Ich fand, das könnte eigentlich der effizienteste Weg für den Büchertransfer sein. Ab und zu kam ich mit einigen verbotenen theologischen Werken am Checkpoint Charlie an. Diese wurden mir natürlich ersatzlos weggenommen, aber ich konnte sicher sein, dass sie am Schluss in theologischen oder kirchlichen Kreisen Ostberlins landen würden.

Erwähnenswert bleibt auch ein Vorfall beim Übergang Bahnhof Friedrichstrasse: Ich hatte eine Reihe von schweizerischen Theologen zu einem Besuch in der DDR eingeladen. Darunter befand sich Pfarrer Felix Tschudi. Als er bei der Kontrolle an der Reihe war, wurde er plötzlich nervös und suchte krampfhaft nach seinem Pass. Er fand diesen nicht und wollte sofort rechtsumkehrt machen, weil er, wie er sagte, diplomatische Verwicklungen befürchte, war er doch der Bruder des damaligen Bundesrates Tschudi. Ein Grenzsoldat bemerkte unsere aufgeregte Diskussion, winkte Tschudi heran und verschwand mit ihm im Büro. Nach zwanzig Sekunden kam der Grenzsoldat wieder heraus und schwenkte triumphierend den gesuchten Pass. Tschudi wurde puterrot und sagte, der Grenzsoldat habe seinen Pass in einer Tasche der Jacke gefunden, von der er überhaupt keine Ahnung gehabt habe. Der Grenzsoldat bemerkte trocken dazu: «Wissen Sie, beim Suchen von Pass haben wir Übung.»

Mit der Zeit wurde ich an den Grenzübergängen immer forscher. Wieder einmal hatte ich eine Gruppe von Theologinnen und Theologen aus der Schweiz durchzuschleusen. Ich hatte sie gebeten, jeweils ein paar theologische Bücher im Koffer mitzubringen. Als die Gruppe beim Grenzübergang Bahnhof Friedrichstrasse ankam, pflanzte ich mich vor einer Grenzsoldatin auf und erklärte, ich sei der Chef dieser Gruppe und wolle ihr bei der Abwicklung der Formalitäten behilflich sein. Sofort fragte ich den ersten der Gruppe, ob er etwas Gedrucktes dabei habe. Er hatte, und ich bat ihn, seine Zeitungen der Grenzsoldatin zu übergeben. Dann winkte ich ihn durch und fragte den Nächsten nach Drucksachen. Jeder legte dann brav seine Zeitungen auf den Tisch, und alle marschierten mit ihren paar Büchern im Koffer unbehelligt durch den Zoll.

An einem Abend empfingen mich die Grenzsoldaten am Checkpoint Charlie mit der Ansage: «So, Herr Ruh, Ihren Wagen müssen wir wieder einmal genau prüfen.» Sofort begannen sie, mein kleines Auto auseinanderzuschrauben, beispielsweise wurde auch die Innenseite der Autotüre aufgeschraubt. Verschiedene Teile lagen nun schön geordnet am Boden. Ich selber muss offenbar ein fröhliches Gesicht gemacht haben, denn plötzlich schnauzte mich ein Grenzsoldat an: «Warum lachen Sie so blöde?» Ich sagte ihm, dass ich heute durchaus Zeit hätte zu warten und dass ich mich schon darauf freue, bei der Person, die mich heute Abend zum Nachtessen eingeladen habe, über den Vorfall an der Grenze zu erzählen. Daraufhin passierte zunächst nichts und die Prüfung des Autos wurde weitergeführt. Plötzlich kam ein anderer Grenzsoldat, offenbar ein Offizier, der mich fragte, bei wem ich denn eingeladen sei. Ich erklärte ihm, dass dies Herr Staatssekretär Seigewasser sei, also ein Mitglied der DDR-Regierung. Diese Auskunft setzte den ganzen Grenzapparat in Aufregung, und mein Auto war in Rekordzeit wieder zusammengebaut, und ich konnte losfahren. Bei Herrn Seigewasser angekommen, entschuldigte ich meine Verspätung natürlich mit dem Vorfall an der Grenze. Er nahm das ohne Kommentar entgegen. Ich weiss heute noch nicht, was Herr Seigewasser von mir eigentlich wollte. Er war sehr freundlich mir gegenüber, fragte nach Karl Barth und erzählte von seiner eigenen Leidenszeit unter dem Nationalsozialismus.

Das grosse Thema der DDR-Regierung damals war die Frage der diplomatischen Anerkennung. Ich denke, dass meine Einladung in diesem Kontext zu verstehen war. Staatssekretär Seigewasser war als Verantwortlicher für Kirchenfragen der DDR sogar einmal bereit, eine von mir geführte schweizerische Theologengruppe zu einem Gespräch zu empfangen. Er und der Chef der Ost-CDU, Gerald Götting, haben mich später auch in Bern aufgesucht und mit ihrer Zis-Limousine russischer Bauart plus Vorhängen einiges Aufsehen erregt. Eigentlich hatte ich Seigewassers Rücktritt bedauert, konnte aber auch einen guten Kontakt zu seinem Nachfolger aufbauen. Der hiess Gysi und war niemand anderes als der Vater des späteren Anwalts und linken Politikers Gregor Gysi. Übrigens sollen diese Gysis aus Prattlen stammen und früher Gysin geheissen haben.

Ein besonderes Ereignis war für mich die Begegnung mit dem Atomspion Klaus Fuchs. Zufällig fand ich in einem Brief an meine Eltern vom 3. Mai 1964 folgende Passage: «Vor einiger Zeit war ich an einer Diskussion mit Klaus Fuchs, dem ‹Atomspion›. So einen überzeugten Kommunisten habe ich noch nicht getroffen. Statt ‹lieber tot als rot› sagte er mehrmals: Lieber tot als unter amerikanischer Herrschaft. Er hat auch aus Überzeugung die Bombe an die Russen verraten; ein schwieriger Bursche.»

Aus Anlass dieser öffentlichen Diskussion mit Klaus Fuchs konnte ich ihn dann noch persönlich sprechen. Ich hatte eine Empfehlung seines Vaters, der ein religiös-sozialer Theologe und Theologieprofessor in Leipzig war. Ich hatte mit dem Vater, Emil Fuchs, einen Kontakt, weil er in einer Zeitschrift einen Verriss meines kleinen Büchleins über den tschechischen Theologen Josef Hromadka publiziert hatte. Professor Hromadka empfahl mir, Emil Fuchs aufzusuchen und mit ihm über meinen Artikel zu sprechen. Dies gelang mir auch, und es war nicht uninteressant, den Mann kennenzulernen, der wie wahrscheinlich kaum ein anderer Theologe Zugang zu Walter Ulbricht hatte. Auf dem Hintergrund dieser Geschichte konnte ich mich länger mit Klaus Fuchs unterhalten und ich habe ihn gefragt, warum er eigentlich den Russen das sogenannte Atomgeheimnis verraten habe. Er sagte mir, dass er dies aus Gewissensgründen getan habe und es ihm dabei auch um ein Gleichgewicht zwischen der Pax Americana und der Pax Sowjetica gegangen sei.

Ab und zu besuchten Vreni und ich das grossartige Pergamon-Museum in Ostberlin. Einmal wartete ich bei Torschluss auf Vreni, die einfach nicht beim Ausgang erschien. Ich kam mit dem Aufseher ins Gespräch und erwähnte die Verspätung meiner Frau. Diese Mitteilung elektrisierte den Aufseher, und er teilte mir aufgeregt mit, er habe soeben den bissigen Schäferhund losgelassen, der jeweils am Abend durch das Museum rauschte. Zum Glück erschien Vreni in diesem Moment ohne jede Ahnung der Gefahr, der sie entronnen war.

Die Schweiz in Berlin

Berlin war zu jener Zeit nicht die Hauptstadt der Bundesrepublik. Deshalb gab es auch keine schweizerische Botschaft, wohl aber eine diplomatische Vertretung in Form eines Konsulats. Der Chef war damals Herr Corti, der mich ziemlich bald nach meiner Ankunft in Berlin zusammen mit meiner Frau zum Essen einlud.

Einige Monate später besuchte mich im Büro der Gossner Mission in Westberlin überraschend ein ganz Prominenter: Der ostdeutsche Anwalt Wolfgang Vogel. Vogel war eine schillernde Persönlichkeit, hatte beste Beziehungen zur SED und DDR-Regierung, wickelte geheime Transaktionen zwischen der Bundesrepublik und der DDR ab und organisierte den Austausch prominenter Gefangener. Herr Vogel erklärte mir, er suche mich im Auftrag einer Klientschaft aus der Schweiz auf, genauer aus Küsnacht. Die Eltern eines Sohnes, der als Fluchthelfer in Ostberlin im Gefängnis sass, hätten ihn als ihren Anwalt eingesetzt und ihn gebeten, den Kontakt zwischen der Schweiz und dem gefangenen Sohn herzustellen. Die schweizerische Diplomatie weigere sich, so Vogel, den Kontakt mit dem Gefangenen aufzunehmen, weil die Schweiz die DDR diplomatisch nicht anerkenne. Herr Vogel bat mich um zwei Dinge: Ich möge der schweizerischen Vertretung in Berlin nochmals den Wunsch vortragen, sie möge Kontakt mit dem gefangenen Schweizer aufnehmen, und zweitens solle ich mich bereithalten für einen seelsorgerischen Besuch des Gefangenen im Gefängnis in Ostberlin. Der erste Punkt war bald erledigt: Die Schweiz wollte mit dem Gefangenen nichts zu tun haben. Nach einer gewissen Zeit suchte mich Wolfgang Vogel wieder auf und übergab mir einen Ausweis, ausgestellt vom Innenministerium der DDR, der mich zu dem Gefängnisbesuch legitimierte.

Bald danach machte ich mich auf zu dem Gefängnis, der sogenannten Haftanstalt. Nach einer längeren Prozedur wurde ich dort in einen Raum geführt, in dem ein bewaffneter Soldat an einem Tisch sass. Dann wurde der schweizerische Gefangene hereingeführt. Es war allerdings nicht der von mir Erwartete, sondern ein anderer. Ich bekam mit, dass insgesamt drei Schweizer wegen Fluchthilfe hier im Gefängnis sassen. Kaum hatte mich der gefangene Schweizer erblickt, beschimpfte er mich in lauten Tönen und sagte, er sitze jetzt seit einem Jahr im Gefängnis und von seinem Vaterland habe er keinen Ton gehört. Ich liess ihn seine Wut ausdrücken, konnte dann aber ein Gespräch mit ihm anfangen. Ich fragte ihn nach seinem Befinden und erfuhr, dass er sich die Zeit vor allem mit dem Lernen neuer Sprachen vertrieb. Auch mit den anderen Gefangenen kam ich in Kontakt und sie baten mich, mit der schweizerischen diplomatischen Vertretung Kontakt aufzunehmen. Das tat ich dann auch, allerdings ohne Erfolg, wobei ich den Eindruck bekam, dass Herr Corti persönlich gerne den Kontakt aufgenommen hätte, dies aber aus politischen Gründen nicht möglich war.

Bemerkenswert ist auch die Geschichte der Inhaftierung der drei Schweizer. Sie wurde mir nach der Freilassung der Gefangenen wie folgt erzählt: Vier junge Schweizer hatten den Plan gefasst, eine Frau aus Ostberlin in den Westen zu entführen. Diese Frau war offenbar die Freundin eines der vier Männer. Die Gruppe kaufte sich einen grossen Amerikanerwagen und baute den Kofferraum so aus, dass darin eine Person versteckt werden konnte. Mit diesem Auto machte sie ein paar Probefahrten durch den Checkpoint Charlie, was offenbar problemlos war. Dann beschlossen sie, die Durchführung der Fluchtaktion. Sie fuhren eines Abends zu der Freundin und baten sie, in den Kofferraum einzusteigen. Doch die Frau verweigerte plötzlich die Flucht und liess die vier Schweizer stehen. Diese überkam eine grenzenlose Wut, die sie zunächst im Alkohol ertränkten. Dann kam plötzlich die Idee auf, sie wollten sich wegen der Absage der Freundin an der DDR rächen, und sie beschlossen, den erstbesten DDR-Bürger nach dem Westen zu transportieren. Sie setzten sich in ihr Auto und die erste Person, die sie antrafen, fragten sie, ob sie nach dem Westen flüchten wolle. Diese Person war sofort einverstanden und legte sich ohne Umschweife in die Höhle unter dem Kofferraum. Darauf fuhren die vier zum Checkpoint Charlie, wobei sich einer davon separierte und sozusagen als unauffälliger Beobachter die Aktion verfolgen sollte. Als die drei Schweizer mit ihrer Fracht am Checkpoint Charlie eintrafen, wurden sie für längere Zeit gar nicht beachtet. Sie mussten ungewöhnlich lange auf die Behandlung warten. Als es dann endlich so weit war, bemerkten die Grenzsoldaten, mit dem Auto könne etwas nicht stimmen: Die Innenmasse passten nicht zu den Aussenmassen. Die Grenzer beharrten immer wieder auf dieser Feststellung, bis die drei Schweizer nervös wurden. Dann endlich öffneten die Grenzsoldaten den Kofferraum und zogen den versteckten DDR-Bürger heraus. Die drei Schweizer wurden sofort verhaftet, der vierte Mann konnte unbehelligt die Grenze passieren. Wie ich später erfahren habe, war die angebliche Freundin von der Stasi auf die Schweizer angesetzt worden, weil bei ihnen Pläne zur Fluchthilfe für andere DDR-Bürger vermutet wurden.

Einige Monate nach meinem Besuch im Gefängnis suchte mich der Anwalt Vogel wieder auf und bat mich, mit den schweizerischen Behörden Kontakt aufzunehmen. Er sagte mir, es gäbe eine Möglichkeit, die Schweizer aus dem Gefängnis freizubekommen, wenn die Schweiz ein paar einfache Bedingungen erfüllen würde. Die DDR habe bereits mit anderen Staaten, zum Beispiel Norwegen, dafür ein Modell entwickelt: Die Schweiz müsse erklären, dass sie die Aktion der Gefangenen als Passvergehen und also als illegal anerkenne, und sich dafür entschuldigen. Ich trug dieses Modell dem schweizerischen Vertreter Corti vor, und er meinte, ich würde dies am besten in Bern selber vorbringen. Also machte ich bald einen Besuch beim Aussendepartement in Bern. Es war Botschafter Janner, der mich empfing. Er teilte mir bei allem Verständnis für die Lage der Schweizer sofort mit, dass ein solches Modell für die Schweiz nicht in Frage komme. Er sagte mir auch, die schweizerische Diplomatie habe andere Möglichkeiten zur Einflussnahme auf die DDR. Ich würde bald davon erfahren. In der Tat verweigerte die Schweiz nachher allen DDR-Bürgern das Einreisevisum. Diese Massnahme war sicher sehr unangenehm, vor allem weil sich in Genf viele internationale Institutionen befinden. Trotzdem bewegte sich die DDR überhaupt nicht. Nach einer gewissen Zeit bekam ich einen Anruf aus Bern. Ein Beamter erkundigte sich bei mir nach meiner Beziehung zu Wolfgang Vogel und auch nach dem sogenannten Norweger-Modell. Offenbar hatte die schweizerische Diplomatie erkannt, dass sie mit der Verweigerung der Visa die Gefangenen nicht herauspressen konnte. Sie liess sich nun auf geheime Verhandlungen ein. Auf jeden Fall wurde ich ein paar Monate später nachts um zwölf Uhr in meiner Wohnung in Westberlin aufgeweckt: Ans Fenster klopfte einer der freigelassenen Schweizer. Ich vergesse nie seinen Freudenschrei: «Herr Ruh, ich bin frei!» Mitten in der Nacht feierten wir die Freilassung. Der freigelassene Schweizer wollte am anderen Morgen nach Bern fahren, allerdings sagte er, gehe er vorher nochmals nach Ostberlin. Er wolle dort das Gefängnis fotografieren, in dem er so lange gesessen habe. Ich wollte ihn von diesem Vorhaben abbringen, aber er blieb dabei.

Kapitel 4

Friedensarbeit und West-Ost-Konflikt

> "Nur war es ja nicht so einfach, verbannte Professoren in einem kommunistischen Land zu kontaktieren. Ich musste mir einen entsprechenden Plan einfallen lassen."

Für mein Engagement in der Friedensarbeit und in der Friedens- und Konfliktforschung sehe ich viele Gründe und Motive. Ein Grund liegt wahrscheinlich in meinen frühkindlichen Erfahrungen: Ich habe als Kind oft gelitten unter den sonntäglichen Auseinandersetzungen zwischen meinen Eltern, vor allem aber unter der religiösen Strenge und dem Strafstil meines Vaters. Ich diagnostiziere bei mir so etwas wie eine mangelnde Fähigkeit, Konflikte auszuhalten beziehungsweise mich an ihnen zu erfreuen. Ich will immer vermittelnd eingreifen. Ebenfalls schwer erträglich waren die Konflikte zwischen meinem Vater und einigen Exponenten im Dorf. Ich hatte und habe so etwas wie eine Sehnsucht nach Frieden und friedlicher Konfliktlösung. Wohl nicht zufällig fand ich mich durch das ganze Leben hindurch immer wieder vor Konfliktsituationen gestellt.

Eine solche psychische Prädisposition mag erklären, warum ich die grundlegenden theologischen und politischen Perspektiven meines Doktorvaters Karl Barth begierig aufsog. Ganz tief in mir war ich damals der Überzeugung, dass die Weltgeschichte, also auch der Ost-West-Konflikt, keine absolute und unvereinbare Realität darstellte, sondern dass es vielmehr eine andere Wirklichkeit gebe, nämlich die Wirklichkeit der Versöhnung durch Gottes Handeln. Und diese andere Wirklichkeit in die vordergründige Weltwirklichkeit hineinzubringen, war wohl eine tiefe und nachhaltige Motivation für mein vielfältiges Engagement.

Mit diesen Voraussetzungen ist klar, dass ich mich im Hinblick auf den Ost-West-Konflikt in die eine der zwei hauptsächlichen Denkschulen einordnete: in die Denkschule des «Wandels durch Annäherung» oder, wie wir damals auch sagten: «Den Kommunismus muss man zu Tode lieben.» Diese Denkschule hatte starke Wurzeln, vor allem in den protestantischen deutschen Kirchen und natürlich vor allem bei Karl Barth.

Das Stichwort für die andere Denkschule zur Überwindung des Ost-West-Konflikts war der Rüstungswettlauf, der Sieg über die Sowjetunion durch den Krieg der Sterne, also durch eine mächtige wirtschaftliche und militärische Aufrüstung mit dem Zweck, dass der Sowjetunion die Luft ausgehen sollte.

Die erste Denkschule wurde durch eine Minderheit vertreten, und die Zeit des Kalten Krieges zeichnete sich auch in der Schweiz aus durch harte Auseinandersetzungen, wobei hier die Mehrheit – und vor allem die tonangebende Mehrheit – der zweiten Denkschule anhing, nämlich einer Politik ausschliesslich der militärischen Stärke.

Dass diese Auseinandersetzungen hart und zum Teil unangenehm ausgefochten wurden, habe ich selbst erlebt. Dazu ein Beispiel: 1958 fand die erste allchristliche Friedenskonferenz (CFK) in Prag statt. Initiant war Professor Hromadka, auf den ich später nochmals zu sprechen komme. Andere Initianten waren kirchliche Kreise in den kommunistischen Staaten, welche zu einem grossen Teil konform gingen mit den kommunistischen Parteien und Regierungen. Es gab aber unter den Initianten und Teilnehmern das ganze Spektrum der Verhaltensweisen gegenüber dem Kommunismus: Wohl zumeist staatstreue kirchliche Führer und Mitarbeiter, dann sicher viele Opportunisten aller Schattierungen, aber doch auch kritische Geister. Die Teilnehmer aus den westlichen Ländern waren meistens Kritiker des offiziellen strammen antikommunistischen Kurses, teilweise alte Friedenskämpfer aus Kreisen des religiösen Sozialismus. Aus Deutschland kamen viele Christen, kirchliche Mitarbeiter, aber auch Führungspersonen wie Kirchenpräsidenten, welche sich während des Zweiten Weltkrieges zur

Bekennenden Kirche zählten, also zur kirchlichen Opposition gegen den NS-Staat. Andere Teilnehmerinnen und Teilnehmer kamen aus Friedensbewegungen aller Art. Besonders auffällig waren die Vertreter der orthodoxen Kirche Russlands und anderer Oststaaten. Auch hier konnte man eine Dreiteilung vornehmen: Überzeugte, Opportunisten und heimliche Kritiker. Übrigens traf ich dort mehrfach mit Alexis, dem späteren Patriarchen der orthodoxen Kirche Russlands, zusammen. Wir waren damals im Juniorenalter und spielten, wie ich mich erinnere, miteinander Fussball.

Auch unter den Teilnehmern aus den westlichen Kirchen gab es Vertreter einer gegenüber dem «Osten» kritischen Haltung oder doch solche, die sich selbst ein Bild machen wollten über die grosse kirchliche Friedensinitiative. Aus der Schweiz kamen ein paar Pfarrer und kirchliche Exponenten, welche meist dem religiösen Sozialismus nahestanden.

Ich selbst hatte die Gelegenheit, an dieser ersten allchristlichen Friedenskonferenz in Prag teilzunehmen. Eingeladen wurde ich von Pfarrer Martin Schwarz, einem engen Freund von Karl Barth, der in Basel als Gefängnispfarrer wirkte und durch welchen vermittelt auch Barth ab und zu im Basler Gefängnis eine Predigt hielt – was ich übrigens auch einmal tun durfte.

Karl Barth war dem Unternehmen der CFK gegenüber eher kritisch gesinnt. Vor allem deshalb, weil er Vorbehalte gegenüber der Theologie und der theologischen Geschichtsdeutung Hromadkas hatte. Jede Identifizierung von göttlichem Handeln und einer politischen Richtung, sei sie rechts oder links, war ihm verdächtig. Aber er entliess uns freundlich nach Prag und bat uns, ihm dann Bericht zu erstatten.

Mit von der Partie waren noch einige Studenten aus verschiedenen Ländern. Zu sechst pferchten wir uns in den klapprigen DKW von Pfarrer Schwarz und fuhren nach Prag los. Bei der schweizerischen Grenzkontrolle an der Grenze zu Deutschland studierten die Zollbeamten missmutig und misstrauisch die tschechischen Visa in unseren Pässen. Einer der Zöllner unterliess es nicht, unser Auto bei der Abfahrt anzuspucken.

Für mich war diese Konferenz ein einziges Abenteuer. Zum Beispiel die Begegnung mit einigen grossen Gestalten der Bekennenden Kirche, allen voran Martin Niemöller. Mehrfach habe ich vom ehemaligen U-Boot-Kommandanten und Kirchenpräsidenten folgende Aussage gehört: «Als ich als U-Boot-Kommandant ein englisches Schiff im Fadenkreuz erkannte, fragte ich mich: Würde Jesus hier abdrücken?» Die Antwort, die sich Niemöller gab, bedeutete das Ende seines Kommandos. Spannend war das Auftreten eines christlichen Vertreters aus China, bei dem nie klar wurde, wo er eigentlich stand. Aufregend auch die Auftritte des Chefs des kirchlichen Aussenamtes in Moskau, Metropolit Nikodim, bei dem ich später zusammen mit anderen eine Woche in seinem Palast in Leningrad, heute St. Petersburg, eingeladen war. Zwischen allen Fronten beobachtete ich das Agieren von Professor Hromadka mit seinem teilweisen Verständnis für den Kommunismus und der gleichzeitigen ehrlichen Suche nach Frieden. Zu den negativen Erfahrungen gehörte die Wahrnehmung der opportunistischen Rolle der reformierten Kirche Ungarns unter der Führung des undurchsichtigen Bischofs Bartha. Dies galt auch weitgehend für die angepassten Vertreter der DDR.

Das Fazit für mich war: Nach wie vor war die Auseinandersetzung mit Osteuropa für den Frieden notwendig. Aber mit den Kontaktpersonen musste man vorsichtig umgehen: Denn neben den stummen oppositionellen Kritikern fanden sich Mitläufer, Opportunisten oder auch kritiklose Verfechter der sowjetischen Ideologie.

Nach unserer Rückkehr rapportierten wir Karl Barth das Erlebte. Er fühlte sich bestätigt in seinem Misstrauen gegen die «Geschichtstheologie», das heisst gegen jeden theologische Deutung der Revolution; aber er ermutigte uns, im Hinblick auf das Erreichen eines Friedens die Kontakte weiter zu pflegen. Bald hatte ich darauf bei Barth den Status eines Experten für die Kirchen Osteuropas erreicht, eines Themas, das mich nicht losliess. Selbst in meinen Träumen kam Osteuropa vor: Auffallend häufig träumte ich von einer Reise nach Moskau. Dieser Traum ging dann auch in Erfüllung, und Besuche in anderen Ostländern wie

Bulgarien, Rumänien, Ungarn, Polen und der Tschechoslowakei folgten.

Im Übrigen war es gar nicht so leicht, einen solchen Spezialstatus bei Karl Barth zu erringen. Kompliziert war die Lage deshalb, weil Karl Barth über Jahre in einem Dreiecksverhältnis mit seiner Frau Nelly und Charlotte von Kirschbaum im selben Haus lebte. Einfach hatten es jene Doktoranden und fortgeschrittenen Studenten, welche rasch die positive Aufmerksamkeit von Charlotte von Kirschbaum erlangen konnten. Günstig war auch, wenn man mit Frau Barth Klavier spielen konnte. Erfolgreich war man vor allem, wenn man in der Lage war, besonders originelle oder intelligente Fragen zu stellen, zum Beispiel in der sogenannten Sozietät, in der Barth jeden Donnerstagabend im späteren Gourmetrestaurant Bruderholz seine fortgeschrittenen Studenten versammelte. Besonders in Erinnerung bleibt mir der erste Auftritt des damals in Zürich studierenden Eberhard Jüngel, einem später sehr bekannten Theologieprofessor. Als der seine Frage stellte, fiel dem Professor Barth fast die Pfeife aus dem Mund vor Erstaunen, und damit hatte Jüngel für das ganze Leben seinen Status erreicht. Da ich auf den genannten drei Ebenen nichts vorzuweisen hatte, ging es ziemlich lange, bis Karl Barth mich überhaupt ernsthaft wahrnahm. Geholfen hat dabei sein Freund und mein Mentor Pfarrer Martin Schwarz, der mich ihm zur speziellen Beachtung empfahl. Als Experte für die Kirchen Osteuropas hatte ich aber dann bald einen gewissen Status.

Zu meinen Aufgaben gehörte zum Beispiel die Betreuung von osteuropäischen Gästen, welche zu Karl Barth wallfahrteten. Speziell in Erinnerung bleibt mir ein Besuch des von mir verehrten Professors Josef Hromadka aus Prag, über den ich dann später, 1963, ein kleines Heft publizierte (Ruh, 1963). Wir waren im Hause Barths dabei, Hromadka zu verabschieden. Unter der Haustüre sagte er zu Barth mit seinem schönen tschechischen Akzent: «Und ich Sie herzlich einlade, mit Ihrer Frau nach Prag zu kommen.» Ich bemerkte, dass in dem Moment oben auf der Treppe Charlotte von Kirschbaum stand und zuhörte. Mir war sofort klar, dass Hromadka ab diesem Moment in den Augen Barths kein guter Theologe mehr sein würde! So kam es dann auch: Am anderen Tag moserte Barth an Hromadka herum und kritisierte das, was er seine Geschichtstheologie nannte.

1962 hielt Karl Barth eine spezielle Mission für mich bereit. Er erzählte mir, zwei Theologieprofessoren aus Budapest seien vom Staat abgesetzt und ohne Pension aufs Land verbannt worden. Er wolle unbedingt Informationen über diese Professoren haben, und er bat mich, eine Informationsreise nach Ungarn zu planen, anlässlich der ich dann die beiden Professoren aufspüren sollte. Es ergab sich bald eine Möglichkeit für eine solche Reise, weil ich als Mitglied der theologischen Kommission der Christlichen Friedenskonferenz an einer Sitzung in Ungarn teilnehmen sollte.

Nur war es ja nicht so einfach, verbannte Professoren in einem kommunistischen Land zu kontaktieren. Ich musste mir einen entsprechenden Plan einfallen lassen: Ich wusste, dass mein Freund Lukas Vischer, der eine Abteilung im Ökumenischen Rat der Kirchen in Genf leitete, eine Schwester hatte, die mit einem Arzt in Ungarn verheiratet war. Also besprach ich das Unternehmen mit Lukas Vischer. Er machte mich auf die Risiken dieses Unternehmens für mich und meine Partner in Ungarn aufmerksam. Und ich ging dann etwas kleinlaut zu Barth mit der Bitte, er möge doch von meiner Informationsreise absehen.

Für diesen Wunsch hatte er absolut kein Gehör und kein Verständnis. Vielmehr erklärte er mir ziemlich ultimativ, dass ich diese Reise durchzuführen hätte. Nun, was blieb in der damaligen Zeit und bei einer solch eminenten theologischen Figur wie Barth anderes übrig, als zu gehorchen! Ich besprach meine Reisepläne auch mit einem aus Ungarn geflüchteten Doktoranden Barths und mit anderen in der Schweiz lebenden ungarischen Bürgern. Dabei wurde mir erzählt, dass ein ungarischer Student, der in Basel studiert und mit dem ich mich angefreundet hatte, eine schwere und kostspielige Herzoperation nötig habe, ihm aber das Geld dafür fehle. Zusammen mit Kollegen entwarfen wir den Plan, ich sollte dem Freund in Ungarn Geld mitbringen, das heisst Geld schmuggeln. Wenn man im Westen osteuropäisches Geld wechselte, bekam man fünfmal mehr als zum offiziellen Kurs. Das Dumme dabei war nur, dass man bei einer Entdeckung eine hohe Strafe, meist Gefängnis, riskierte.

In meinem jugendlichen Übermut machte ich mich dann auf die Reise. In Wien ging ich in eine Bank und wechselte einen hohen Betrag von Schweizerfranken in ungarisches Geld. In Geheimdienstmanier zog ich Handschuhe an und stopfte die Noten in eine Zündholzschachtel. Dann ging es auf in den Zug nach Budapest. Ich versteckte die Zündholzschachtel unter einer Bank und setzte mich weit davon entfernt auf eine andere Bank. Der Zug passierte die Grenze ohne Schwierigkeiten für mich, und vor Budapest wollte ich die versteckte Schachtel wieder besorgen. Dies war allerdings ein bisschen schwierig, weil das ganze Abteil voll von Reisenden war und es wahrscheinlich komisch gewirkt hätte, wenn ich unter die Bank gekrochen wäre. Mit ein paar Tricks, zum Beispiel einem angeblich verlorenen Handschuh, schaffte ich es dann doch und ging kurz vor Budapest mit der Schachtel zur Toilette. Zu meinem Schreck waren in der Schachtel aber keine Banknoten, sondern Zündhölzer. Nun stand ich in der Toilette und war überzeugt, dass die ungarische Grenzwache ein böses Spiel mit mir trieb, und ich hatte Angst, die Toilette zu verlassen. Plötzlich bemerkte ich, dass ich in einer anderen Jackentasche eine weitere Zündholzschachtel hatte, in der dann wirklich das Geld steckte.

In Budapest nahm ich zunächst teil an der geplanten Konferenz, dazwischen überbrachte ich meinem Freund das Geld. Seine Mutter bekochte mich zum Dank mit fantastischen ungarischen Gerichten. An einem Morgen traf ich wie geplant die Schwester von Lukas Vischer, dummerweise bemerkte dies einer der ungarischen Kirchenführer. Es war dies Karoly Todt, der spätere Bischof, mit dem ich mich an verschiedenen Konferenzen angefreundet hatte. Er fragte mich: «Was machst du mit dieser Frau?» Ich redete mich mit ein paar Sprüchen heraus, aber die Ungarn waren ab diesem Ereignis misstrauisch mir gegenüber. Trotzdem konnte ich den vorgesehenen Plan durchführen: Eines Morgens schlich ich mich sehr früh aus dem Hotel und wurde dann in einem Auto aufs Land geführt, wo ich die beiden Professoren kurz sprechen konnte. Nachher musste alles sehr schnell gehen, weil ich merkte, dass die ungarische Seite mir auf der Spur war. Ich nahm den nächsten Zug zurück nach Wien, wo ich problemlos ankam. Von dort aus fuhr ich direkt zu Karl Barth, der meinen Bericht über die beiden Professoren mit grosser Genugtuung entgegennahm. «Bleiben Sie einen Moment», sagte er, «ich will gleich etwas unternehmen.» Er bestellte einen Telefonanruf nach Ungarn, und zwar zu einem ehemaligen Aussenminister, der früher bei ihm Theologie studiert hatte. Nach über einer Stunde war die Verbindung da, und Barth sprach Klartext mit seinem ehemaligen Schüler. Wie ich später erfuhr, bekamen die beiden Professoren wieder ihre Pension und teilweise auch ihre Stelle.

Einer der beiden Professoren kam übrigens später einmal in die Schweiz und erzählte lustige Geschichten über seinen Aufenthalt bei uns während des Zweiten Weltkrieges. Einmal habe er nach Ungarn telefoniert und sei am Telefon durch eine Stimme unterbrochen worden mit folgendem Inhalt: «Hier spricht der Schweizerische Nachrichtendienst, welche Sprache haben Sie gesprochen?»

Im Oktober 1973 fand in Moskau eine grosse «Konferenz der Friedenskräfte» statt. Es waren etwa viertausend Teilnehmer dabei, vierhundert davon aus Kirchen und Religionen von der ganzen Welt. Ich hatte die einmalige Chance, an dieser Konferenz als Vertreter der westeuropäischen Kirchen teilzunehmen. Die Konferenz fand in den Räumen des Kremls statt, und wir hörten tagelang Referate und arbeiteten anschliessend in Gruppen. Von den Vorträgen berühmter Referenten ist mir vor allem die Rede der Hortensia Bussi, der Witwe des ermordeten chilenischen Präsidenten Salvador Allende, in Erinnerung geblieben. Nach ihrer Rede wurde ein Tondokument abgespielt, in dem angeblich die Todesschüsse auf Allende zu hören waren. Die weinende Rednerin wurde von Breschnew umarmt und verküsst.

Wir wohnten im Hotel Rossija, einem gewaltigen Bau. Wollte man um das Hotel herumspazieren, musste man eine halbe Stunde einrechnen. Die besondere Attraktion der Konferenz war die Anwesenheit des gesamten Politbüros der Kommunistischen Partei der Sowjetunion. Die Mitglieder der sowjetischen Führung sassen allerdings hinter schusssicherem Glas, aber ganz nahe bei uns. Für mich war das eine einmalige Gelegenheit, die Abläufe innerhalb des Politbüros zu beobachten: In der Mitte sass Leonid Breschnew, neben ihm Kossygin. Während die übrigen Mitglieder des Politbüros während anderthalb Tagen praktisch wie Mumien dasassen, pflegten Breschnew und Kossygin einen regen Gedankenaustausch. Ab und zu kam ein Sekretär mit einem grossen Buch daher und legte es Breschnew vor. Breschnew mit seinen buschigen Augenbrauen las aufmerksam den Text und Kossygin schaute ihm immer angespannt über die Achseln und begann oft mit den Händen zu fuchteln. Nach einer kurzen Diskussion der beiden wurde der Text unterschrieben und der Sekretär holte die Mappe wieder ab. Auffallend für mich war, dass Kossygin der Einzige war, der sozusagen auf Augenhöhe mit Breschnew diskutierte.

Ich war mit einer bekannten Persönlichkeit an diese Konferenz gereist, nämlich mit Seán MacBride, dem ehemaligen Aussenminister von Irland und späteren Gouverneur von Namibia. MacBride war ein Freund von Ernst Wolf, einem engen Verwandten der Familie meiner Frau. Wolf war Rechtsanwalt, hatte sich seit Jahrzehnten für den Frieden eingesetzt und war auch beteiligt an der Verwaltung des Friedensnobelpreises, welchen das Bureau de la Paix in Genf im Jahre 1906 bekommen hatte. Ernst Wolf war an mir wegen meiner Friedensarbeit interessiert und hatte mich bereits an einige Konferenzen mitgenommen, unter anderem 1972 nach London. Er empfahl mich auch MacBride, der sich sogleich für meine Arbeit interessierte, unter anderem auch deshalb, weil er damals Präsident von Amnesty International war. Weil ich dies wusste, nahm ich vor der Abreise nach Moskau einige Briefe der schweizerischen Sektion von Amnesty International an Breschnew mit, in denen die Befreiung von Gefangenen gefordert wurde.

An einem Morgen während der Konferenz kam MacBride zu mir und sagte: «Ich bin heute bei Breschnew zum Mittagessen eingeladen. Ich will versuchen, dass du mitkommen kannst.» Ich glaubte nicht ganz an den Erfolg des Unternehmens; deshalb übergab ich MacBride die schweizerischen Briefe für den Fall, dass ich keine Gelegenheit zur Übergabe an Breschnew bekommen sollte. So kam es dann auch: Am Ende der Sitzung näherten sich MacBride und ich den Sitzplätzen des Politbüros, unvermittelt rannten Polizisten auf uns zu, wobei MacBride unbehelligt blieb, ich aber unsanft aus dem Kremlraum befördert wurde. Das Mittagessen mit Breschnew konnte ich vergessen.

Ein Tag der Konferenz war insbesondere den vierhundert Teilnehmern aus kirchlichen und religiösen Kreisen gewidmet. An dem Tag gab es einen Ausflug zum Kloster Sagorsk. Die Teilnehmerinnen und Teilnehmer wurden in Autobusse verfrachtet, und dann ging es unter Begleitung von Polizeiwagen mit Blaulicht mit hundertzwanzig Stundenkilometern durch die Gegend. Ich hörte, dass sogar Züge angehalten worden seien, damit der Buskonvoi ungehindert nach Sagorsk rasen konnte. Im Kloster gab es ein ausgedehntes Abendessen mit viel Wein und Wodka, es fehlte nur etwas: eine anständige Toilette. Und so sah man rund um das Kloster herum die Verrichtung der Geschäfte.

Auf der Rückreise sass neben mir ein kleiner vietnamesischer Mann. Neugierig fragte ich ihn: «Where are you from?» Er antwortete auf Französisch: «Je suis de Hanoi.» Dann frage ich zurück: «Qu'est-ce que vous faites là-bas?» Er: «Je suis membre du bureau politique.» Vor Schreck rutschte ich fast aus dem Sessel und fragte dann zurück, ob er wirklich ein Kollege von Lê Đức Thọ sei, dem bekanntesten Politbüromitglied Nordvietnams. Er bejahte, und wir führten anschliessend eine intensive Diskussion über den Vietnamkrieg. Die besondere Aufmerksamkeit für diesen Krieg bestand damals darin, dass sich während der Konferenz auch Aussenminister Kissinger in Moskau befand.

Unter den Mitgliedern der kirchlichen und religiösen Teilnehmer gab es die bunteste Kleiderordnung, die man sich vorstellen kann. Am farbigsten waren Religionsvertreter aus fernöstlichen Ländern. Einer dieser farbig gewandeten Kirchenführer sah angeblich in Moskau zum ersten Mal Fernsehen in seinem Leben und dann noch sich selbst. Der gute Mann flippte fast aus, und ich dachte, er brauche psychiatrische Hilfe.

Kapitel 5

Osteuropa

> "Sowohl die Piloten wie auch ich spürten, dass wir jetzt alle nur noch ein paar Worte vom Hochverrat entfernt waren."

Schon seit meiner frühen Jugend war ich fasziniert von Osteuropa. Wie aus meinen Ausführungen hervorgeht, kommt dieses Thema in verschiedenen Zusammenhängen immer wieder zur Sprache. Einige spannende und lustige Erinnerungen sind mir geblieben. Beispielsweise hatte ich mehrfach in Warschau zu tun. Einmal war ich dort eingeladen für einen Vortrag, und zwar durch den ökumenischen Rat von Polen beziehungsweise durch dessen Sekretär Andrzej Wójtowicz. So machte ich mich eines Tages auf nach Warschau und wollte am Ostbahnhof von Berlin den Zug nach Warschau besteigen. Ich war etwas spät dran, hastete die Treppe hoch und sah einen Zug, angeschrieben mit Warsawa – Kiew. Rasch bestieg ich diesen Zug, der sich sofort in Bewegung setzte. Was mich von Anfang an erstaunte, waren die vielen Uniformierten, obwohl ja in einer Diktatur Uniformen zum Alltag gehören. Nach einer gewissen Zeit kam einer der Uniformierten zu mir und fragte mich, was ich hier wolle. Ich sagte, ich wolle nach Warschau fahren, weil ich dort zu tun habe. Der Mann eröffnete mir, dass ich in einem russischen Militärzug gelandet sei und dass alle Passagiere russische Piloten seien, die zum Urlaub nach der Krim fahren wollten. Diese Auskunft stimmte mich etwas ungemütlich. Aber bald kamen noch andere junge Militärpersonen dazu und forderten mich auf, mich zu ihnen ins Abteil zu setzen. Bei einem Halt in Frankfurt an der Oder ging einer der Piloten hinaus und holte für mich warme Würste und Brot, und von da an hatte ich das Gefühl, die ganze Sache sei nicht so schlimm. Wir fuhren weiter Richtung Osten, und die Uniformierten begannen mich über den Zweck meiner Reise auszufragen. Wir versuchten uns in einem Gemisch von Deutsch, Englisch, Französisch und Russisch zu verständigen, was gar nicht schlecht gelang. Ich erklärte, ich hätte in Warschau einen Vortrag zu halten. Sofort wollte einer das Thema des Vortrags wissen. Ich sagte, es gehe um ethische Fragen, und darauf baten mich die jungen Männer, ich solle ihnen doch etwas aus dem Manuskript vorlesen. Schon nach wenigen Zeilen begann eine Diskussion, und ich merkte, dass die jungen Leute durchaus etwas von Philosophie verstanden. Zum Beispiel sagte mir einer, er verstehe Kant ganz anders, als ich es hier darstelle. Inzwischen waren wir eine fröhliche Diskussionsgruppe geworden, und ich getraute mich, auch einige Fragen zu stellen. Sie erklärten mir, sie seien Piloten der sowjetischen Luftwaffe und würden ihr Vaterland, aber auch die befreundete DDR verteidigen. In diesem Moment machte ich einen blöden Fehler: Ich sagte, ich sei Offizier der schweizerischen Luftwaffe. Kaum hatte ich dies gesagt, verstummte die ganze Runde, und ich selber erschrak auch über diese Situation. Sowohl die Piloten wie auch ich spürten, dass wir jetzt alle nur noch ein paar Worte vom Hochverrat entfernt waren. Mit der Zeit entspannte sich die Lage aber wieder, und wir näherten uns Warschau, wo ich mit lautem Gebrüll der Piloten aus dem Zug entlassen wurde. Im Übrigen war ich total erstaunt über das Bildungsniveau dieser jungen Leute. Ich denke, dass sie alle verschiedene Hochschulstudien hinter sich hatten, und irgendwie verlor ich die Angst vor den Russen.

Wenn man sich zu jener Zeit in westlicher Kleidung auf Warschaus Strassen bewegte, wurde man ständig von Einheimischen angegangen mit der Bitte um Umtausch von Zlotys in Dollar oder in D-Mark. Manchmal war dies sehr unangenehm, nicht zuletzt war es auch noch verboten. Als Abwehrmassnahme empfahl mir ein polnischer Freund: Aus deiner Manteltasche muss immer eine Wodkaflasche herausschauen, dann hast du Ruhe. Das war dann auch so.

Ein anderer Ausflug nach Warschau war für mich weniger erfreulich. Ich flog von Zürich nach Berlin und nahm dort den Nachtzug nach Warschau. In meinem Abteil lag bereits eine lustige Gesellschaft junger Männer und Frauen aus Danzig. Wir unterhielten uns bestens, assen und tranken ziemlich viel, dann legten wir uns schlafen. Ich konnte allerdings nur schlecht schlafen und immer wieder hatte ich ein seltsames Gefühl am Hals. Morgens früh, wahrscheinlich gegen sechs Uhr, ging ich zur Toilette, schaute in den Spiegel und sah, dass mein Hals aufgeschwollen war. Mir war sofort klar, was ich hatte: Es war Mumps. Dieser Befund erschreckte mich, weil ich um die Gefährlichkeit dieser Krankheit wusste. Dies umso mehr, als die Konferenz, zu der ich eingeladen war, mindestens siebzig Kilometer von Warschau entfernt und sozusagen abseits der Zivilisation stattfinden sollte. Mir war klar, dass ich nach der Ankunft in Warschau von dort in die Schweiz zurückfliegen musste. Aber wie sollte man dies organisieren?

In Warschau wurde ich am Bahnhof von einem polnischen Chauffeur abgeholt, der mich zu dem Konferenzort fahren sollte. Der gute Mann sprach nur polnisch, und ich versuchte, ihm zu erklären, dass ich nicht zum Konferenzort, sondern zum Flughafen fahren wolle. Der Mann nickte immer freundlich, aber fuhr meiner Meinung nach in die falsche Richtung, weil ich mich nicht verständigen konnte. Mit allen Mitteln der Körpersprache, zum Beispiel indem ich ein Flugzeug imitierte, konnte ich ihm klar machen, wohin die Reise gehen soll. Ich kam morgens um acht Uhr am Flughafen Warschau an und wusste, dass eine Swissair-Maschine um acht Uhr dreissig abfliegen würde, für mich eigentlich ein unmögliches Unterfangen. Ich hatte ja weder ein Flugbillett noch hatte ich mich bei den polnischen Behörden angemeldet beziehungsweise abgemeldet. Verzweifelt ging ich auf einen Gepäckträger los, der deutsch sprach, und erklärte ihm meine Situation. Ich bewundere noch heute die kommunikative Kompetenz dieses Mannes. Er erledigte in zwanzig Minuten alle Formalitäten und um acht Uhr vierzig flog die Swissair-Maschine Richtung Zürich, und nach dem Mittagessen lag ich bereits in meinem Bett in der Halensiedlung.

Während meiner Zeit als Dozent an der Universität Bern habe ich immer wieder mehrtägige Seminare mit den Studierenden angeboten. Einmal organisierte ich sogar eine Reise in die DDR. Ich mietete zwei Kleinbusse, und wir fuhren mit etwa achtzehn Studierenden ins Schloss Burgscheidungen. Dort war die Parteihochschule der Ost-CDU untergebracht, das heisst einer Partei, welche der SED nahestand. Geplant waren Seminare mit meinen Studierenden und den Studenten der Parteihochschule. Organisiert hatte das Ganze Carl Ordnung, ein höherer Funktionär der Ost-CDU, mit dem ich mich während meiner Berliner Zeit und im Zusammenhang mit der Prager Friedenskonferenz angefreundet hatte. Am spannendsten waren die Diskussionen über den Marxismus. Meine Studierenden waren stark beeinflusst von der Frankfurter Schule, einem gewissen Linksmarxismus; die Studierenden aus dem Osten vertraten einen sogenannten realen Marxismus. Beide Parteien gingen zünftig aufeinander los, wobei meine Studenten auch westliche Studentenstrategien wie Sit-ins usw. praktizierten. Diese Methoden brachten die Ordnung der Parteihochschule völlig zum Erliegen, und es war wunderbar anzuschauen, wie schnell westlicher Anarchismus östlichen Anarchismus hervorrufen konnte. Auf jeden Fall wurde die Schule nach einigen Tagen für die ganze Woche geschlossen.

Am Anfang des Seminars ging es um die Verteilung der Zimmer. Der Leiter von Schloss Burgscheidungen hatte für mich eine luxuriöse Gästewohnung mit einem blauen Badezimmer und ähnlichem Schnickschnack ausgesucht. Da ein frisch verheiratetes Paar unter meinen Studierenden war, offerierte ich ihm diese Superwohnung, was dankbar angenommen wurde. Nur der Chef von Burgscheidungen sah sich wegen meiner Offerte in einer dummen Lage. Für diesen autoritätsgläubigen Menschen musste der Reiseleiter und Professor eine angemessene Suite bekommen. Aus diesem Grunde offerierte er mir die Suite des Parteichefs der Ost-CDU, Gerald Götting, dem Stellvertreter von Walter Ulbricht. Ich schlief bestens in dieser Umgebung und wollte mich auch noch mit einem Geschenk bedanken. Ich hatte die Angewohnheit, bei meinen Ostreisen Modejournale, Damenstrümpfe und Schokolade mitzunehmen. In der Eile der Abreise liess ich diese Dinge im Bett von Gerald Götting liegen. Später habe ich erfahren, dass es deshalb fast eine Staatskrise in der DDR gegeben habe, weil die Damenstrümpfe im Bett des Parteivorsitzenden zum Gesprächsthema wurden.

Mehrfach nahm ich an Anlässen der Konferenz Europäischer Kirchen (KEK) teil, so zum Beispiel 1978 in Siofok in Ungarn. Begleitet wurde ich diesmal von Vreni und unserem Sohn Dominic. Wir fuhren mit dem alten englischen Auto meiner Schwiegermutter nach Siofok, weil wir für nachher noch ein paar Ferientage in Ungarn geplant hatten. Während der Konferenz schlug der Tod des erst kürzlich zum Papst gewählten Johannes Paul I. wie eine Bombe ein. Insbesondere betroffen war der Bischof von Pecs, zu dem ich einen guten Kontakt hatte und der uns für nach der Konferenz in seinen Palast in Pecs zum Mittagessen eingeladen hatte. Also fuhren wir von Siofok nach Pecs. Unterwegs, bei strömendem Regen, platzte der Pneu an einem Hinterrad; wir touchierten fast einen ungarischen Lastwagen und landeten in einem Acker. Mit Hilfe von Dominic wechselte ich das Rad. Aber wir kamen so mehr als zwei Stunden zu spät und total verschmutzt im bischöflichen Palast an. Dort hatte der Bischof durch seine Bediensteten ein unglaublich reiches Mittagsmahl in einem antiken Esssaal vorbereitet. Unter seiner Führung bewunderten wir dann den Palast, die Plätze und Gebäude der mittelalterlichen Stadt, die mir wie ein kleines Rom vorkam.

Anderntags ging es zurück Richtung Österreich. Auf einer geraden Strecke fuhren wir lange Zeit hinter einem Lastwagen. Plötzlich löste sich von dessen Ladebrücke ein grosser Stein, der direkt in meine Frontscheibe flog. Auf einen Schlag war es dunkel im Auto und die Scheibe hing als undurchsichtiges Netz vor mir. Wie durch ein Wunder konnte ich den Wagen ohne Unfall zum Stehen bringen. Aber wie weiter? Hilfreiche ungarische Passanten zeigten mir eine Garage. Aber dort wurde klar: In ganz Ungarn gab es keine Scheibe für einen englischen Wagen. Es wurde Abend, ziemlich kühl und bis zur Grenze nach Österreich waren noch etwa fünfzig Kilometer zu fahren. Ohne Frontscheibe höchst unangenehm. Da lud uns eine ungarische Familie zu sich nach Hause ein, und zusammen entwickelten wir eine Idee: Der Mann bringt in seinem Auto Vreni und Dominic an die Grenze, ich bekomme einen Motorradhelm, einen Pullover und eine warme Jacke und fahre so hinterher. Ich vergesse nie den Blick der ungarischen Grenzpolizisten, als ich, tief vermummt, durch die nicht existierende Frontscheibe den Pass aus dem Auto streckte. In Eisenstadt fand man dann eine neue Scheibe.

Im östlichen Teil der DDR gab es ein Gebiet, in dem etwa eine halbe Million Sorben lebte, eine Ethnie, welche auch in der DDR die eigene slawische Sprache pflegte und die als slawische Minderheit vom Staat als solche respektiert wurde. Ich bekam einmal eine Einladung für eine Sonntagspredigt in einem der sorbischen Dörfer. Als ich dort ankam, waren Plätze und die gewaltige Kirche gefüllt mit Männern und Frauen in ihren wunderbaren Trachten. Nach meiner Predigt versammelte man sich auf einem riesigen Dorfplatz, auf dem für Hunderte von Menschen Tische gedeckt waren. Es war die Zeit, in der den Bauern in der DDR ihr Land enteignet und in sogenannte Landwirtschaftliche Produktionsgenossenschaften (LPGs) zusammengelegt wurde. Die Stimmung unter den Bauern war eine wuterfüllte und hilflose zugleich. Während des Essens sah ich viele aufgebrachte und traurige Gesichter; den Frauen fielen ihre Tränen in die Suppe. Da stand plötzlich ein Mann auf, er hiess Wirth und war so etwas wie der Bauernführer in dieser Gegend. Er kritisierte zu meinem Schrecken öffentlich die DDR-Regierung wegen der Enteignungen. Später bat er mich persönlich, diese Lage im Westen zu kommunizieren. Zugleich zog er einen Brief aus der Tasche, gab ihn mir und sagte: «Hier ist ein Brief von uns an Marschall Tito mit der Bitte, er möge den Sorben zu Hilfe eilen. Bitte sorgen Sie dafür, dass Marschall Tito den Brief bekommt.» Ich steckte den Brief mit höchst unangenehmen Gefühlen ein, nahm ihn einmal unter dem Hemd nach Westberlin mit und schickte ihn an eine jugoslawische Vertretung. Dass nach meinem Besuch bei den Sorben weiter nichts passiert ist, hängt für mich mit dem speziellen Status der Sorben in der DDR zusammen.

Am Ende einer Tagung der theologischen Kommission der Prager Friedenskonferenz in Moskau reisten alle Teilnehmer von dort nach Leningrad, und zwar im Schlafwagen eines Nachtzugs. Ich war mit einem dicken Popen in einem Zweierabteil einquartiert. Kaum waren wir im Abteil, begann der Dicke sich auszuziehen, wobei immer wieder ein neues Kleidungsstück zum Vorschein kam. All diese verstaute er in einem riesigen Koffer und legte sich als schlank gewordener Pope ins Bett und begann schrecklich zu schnarchen. Ich hielt dies nicht mehr aus, zog mich wieder an und ging spät in der Nacht in den Speisewagen. Dort sass ein halb besoffener russischer General, der mich zu sich winkte und auf Russisch auf mich einredete. Endlich in Leningrad angekommen, selbstverständlich in schlechter Verfassung, ging's in ein Hotel zum Frühstück. Dieses bestand aus einem fettigen gebratenen Fisch und einem Glas Wodka. Nachher ging's ab ins Museum der Religionen, in dem der Atheismus gefeiert wurde.

Kapitel 6

Berufsleben

> "Solange es in Indien kein Mittagsmahl gibt, gibt es in Bern kein Abendmahl."

Anfang 1965 wurde ich vom Schweizerischen Evangelischen Kirchenbund als theologischer Mitarbeiter gewählt. Im Rückblick ist es eigentlich erstaunlich, dass der Kirchenbund aus dreissig Bewerbern ausgerechnet einen aus Ostberlin zum theologischen Mitarbeiter berufen hat. Anderseits zeigt diese Wahl eben auch die Ausrichtung der damaligen Kirche: Auch sie war beeinflusst von der Theologie Karl Barths, von den Erfahrungen des Zweiten Weltkriegs und von den grossen ökumenischen Konferenzen, deren wichtigste Themen Friede und Entwicklung waren. Zu alledem kam, dass die Kirche damals noch einen relativ hohen Stellenwert hatte in der Gesellschaft. Sie war akzeptiert als eine Institution, die zu gesellschaftlichen Fragen wichtige Beiträge erbringen konnte. Zudem gab es damals weniger selten als heute prominente Fachleute, Politiker und Wissenschaftler, die bereit waren, in kirchlichen Gremien mitzuwirken. So oder so, aus späterer Sicht bleibt es erstaunlich, in welchem Mass die Kirche in der Schweiz in der zweiten Hälfte des zwanzigsten Jahrhunderts die politische Agenda mitbestimmte. Dabei ist sicher zu berücksichtigen, dass sich in den Sechziger- und Siebzigerjahren in weiten Teilen der Welt eine Aufbruchstimmung entwickelte, welche offen war für neue, progressive und avantgardistische Ideen. Und schliesslich hatte die hohe Aufmerksamkeit, welche die neue politische Ausrichtung der Kirche in Gesellschaft und Presse fand, auch einen gewissen Überraschungseffekt: Es war einfach neu und ungewohnt, was da von Seiten der Kirche in die politische Welt eingebracht wurde.

Der Schweizerische Evangelische Kirchenbund beziehungsweise seine Geschäftsstelle in Bern war damals sehr bescheiden dotiert: In einem kleinen Büro eines Wohnhauses waren der Geschäftsführer, eine Sekretärin und ich als theologischer Mitarbeiter tätig. Heute sollen sehr viel mehr Leute beim Kirchenbund tätig sein. Mit dieser Wahl zum theologischen Mitarbeiter des Schweizerischen Evangelischen Kirchenbundes im Frühjahr 1965 begann für mich eine neue Lebensphase: die geordnete Ausübung meines Berufs als Theologe und Sozialethiker. Ich empfand und empfinde bis heute diesen Schritt ins Berufsleben als neuen Lebensabschnitt. Hinter mir lagen Kindheit, Ausbildung und der geistig-politische Kochtopf Berlin. Neben der Zeit unter Karl Barth war es der Aufenthalt in Berlin, der massgeblich in mir so etwas wie eine Mission entwickelte: Eine hohe Sensibilisierung für Konflikte und eine leidenschaftliche Suche nach Lösungen, orientiert an einer klaren Fragestellung: Was kann ich, was können wir leisten für die Gestaltung eines menschenwürdigen Lebens und Überlebens? Diese Sorge war bei mir durchaus immer gepaart mit einer gewissen Abenteuerlust und Risikobereitschaft, sicher auch mit einer Prise Ehrgeiz. Meine Fragestellung wurde natürlich nachdrücklich beeinflusst durch die grossen zeitgeschichtlichen Probleme, Gefahren und Entwicklungen.

Wenn ich nun im Folgenden meine Tätigkeit unter den Stichworten Friede, Dritte Welt, Umwelt, Arbeit, Wirtschaft beschreibe, dann mache ich mir klar, dass ich damit meine Reflexionen über die grossen Themen der damaligen Zeit (von etwa 1960 bis 2010) im Auge habe beziehungsweise davon beeinflusst worden bin. Dies zeigt wiederum mein Selbstverständnis: Ich verstehe und verstand mich als Agenten unterhalb der Grosswetterlage des Zeitgeschehens, der aus dieser Perspektive so viel wie möglich zu einer menschenwürdigen Weltgestaltung beitragen wollte und zum Teil auch konnte. Dass ich in meiner Tätigkeit beim Schweizerischen Evangelischen Kirchenbund diese Ziele verfolgen konnte, ist kein Zufall: Auch die schweizerischen Kirchen, nicht zuletzt unter dem Einfluss von Karl Barth und der ökumenischen Bewegung, sahen ihre Aufgabe damals gerade in einer Mission im politischen Bereich. Grosse ökumenische Konferenzen wie die Konferenz «Kirche und Gesellschaft» 1966 in Genf oder die Vollversammlung des Ökumenischen Rates 1968 in Uppsala vermittelten in dieser Hinsicht starke Impulse. Ich selber war Teilnehmer an beiden Konferenzen und war später Beeinflusster und Beeinflusser zugleich. Es ist im Rückblick und vor allem mit Blick auf die Gegenwart schon erstaunlich, dass die Kirche zu dieser Zeit als wichtige Agenda-Setting-Instanz tätig war. Sie war auch in der Schweiz stark beteiligt daran, dass Themen wie Friede, Waffenausfuhr, Dienstverweigerung, Entwicklungshilfe, Bodenrecht, Raumplanung, Energie, Umwelt, Arbeitslosigkeit und Banken auf die politische Traktandenliste gesetzt wurden. Dies übrigens nicht nur zur Freude aller Mitglieder der Kirche, der Politik und der Gesellschaft, wie ich das dann am eigenen Leibe erfahren habe.

Selbstverständlich waren diese kirchlichen Anliegen immer auch Reaktionen auf die weltpolitische Grosswetterlage der zweiten Hälfte des zwanzigsten Jahrhunderts: Ost-West-Gegensatz, atomare Aufrüstung, Kubakrise 1962, Dritte Welt, Umweltfragen speziell nach dem Aufruf des Club of Rome von 1970, Energie- und Wirtschaftskrise sowie die Arbeitslosigkeit ab den Siebzigerjahren.

Ich denke, dass mir die Kirche, speziell der Schweizerische Evangelische Kirchenbund, eine Plattform geboten hat für meine Mission und dass diese Kirche mich natürlich gleichzeitig stark geprägt hat. Auf jeden Fall betrachte ich diese Symbiose als persönlichen Glücksfall, und ich habe der Kirche gegenüber Gefühle einer grossen Dankbarkeit.

Arbeit als theologischer Mitarbeiter

Gleich in der ersten Woche meiner Tätigkeit beim Kirchenbund ging es los mit «Friedensarbeit», allerdings zunächst zwischen den Konfessionen: Ich bekam vom Vorstand des Kirchenbundes den Auftrag, einen Kontakt herzustellen zur Schweizerischen Bischofskonferenz mit dem Ziel einer ersten Begegnung der beidseitigen Kirchenleitungen. Mein Freund Lukas Vischer, damals in führender Stellung beim Ökumenischen Rat in Genf tätig, beriet mich bei diesem Unternehmen. Ich machte also einen Besuch beim römisch-katholischen Bischof der

Diözese Freiburg-Lausanne-Genf in Fribourg, wo mich der Bischof freundlich empfing. Wir konzipierten eine erste Begegnung der Kirchenleitungen, und ich bekam den Auftrag, diesen Anlass zu organisieren. Ich war bestrebt, für dieses Ereignis einen feierlichen Rahmen zu schaffen. Ich bestellte im Hotel Schweizerhof in Bern den Salon Chinois und gleichzeitig Champagner und Lachsbrötli. Beim Anblick dieses kulinarischen Angebots erklärte der Bischof: «J'ai mal à l'estomac.» Ich schlug ihm vor, etwas Bekömmlicheres zu bestellen, und zu meiner grenzenlosen Überraschung verlangte er ein Bier und Zwetschgenkuchen. Die Lachsbrötli verfütterte ich dann meiner Nachkommenschaft am Abend. Im Übrigen war diese Begegnung durchaus ein Erfolg.

Schweiz – Dritte Welt

Nicht zuletzt unter dem Einfluss der grossen Konferenzen des Ökumenischen Rates wuchs in den Kirchen der Schweiz die Wahrnehmung, dass die Probleme der Dritten Welt eine ungeheure ökonomische, politische und auch moralische Herausforderung, vor allem für die Industriestaaten, darstellten. Diese Herausforderung war als solche in der Gesellschaft bis in die Sechzigerjahre hinein durchaus nicht zureichend erkannt. Im Gegenteil: Es gab eine starke Gegnerschaft und ein grosses Unverständnis dieser Frage gegenüber. Ich habe dies hautnah selbst erlebt. Ende der Sechzigerjahre hielt ich eine Predigt in einem Abendmahlsgottesdienst im Berner Münster. Ein Satz aus meiner Predigt wurde zum Ärgernis für siebzehn Besucherinnen und Besucher, zum Teil aus dem Berner «De»-Adel stammend. Diese Personen verliessen demonstrativ den Gottesdienst. Wie lautete der Satz? «Solange es in Indien kein Mittagsmahl gibt, gibt es in Bern kein Abendmahl.» Ich bekam vom Kirchenvorstand des Münsters ein Predigtverbot für das Berner Münster, das meines Wissens noch nicht aufgehoben worden ist.

Ein anderes Beispiel: Ich hielt in der Kirche von Burgdorf einen Vortrag über die Dritte Welt. Noch stand ich oben auf der Kanzel, als der Präsident des Kirchenvorstandes dem Publikum erklärte: «Was der da oben erzählt hat, ist der letzte Humbug.» Er schloss sofort die Versammlung, verbot eine Diskussion und liess mich auf der Kanzel stehen. Ich war ziemlich perplex, worauf die Ortspfarrer mich liebevoll zu trösten suchten.

1964 hielt der Genfer Theologieprofessor André Biéler vor der Abgeordnetenversammlung des Schweizerischen Evangelischen Kirchenbundes eine Rede, in der er Vorschläge für eine intensivere schweizerische Entwicklungsförderung machte. Diese Vorschläge wurden später in «14 Thesen zur Entwicklungshilfe» umgearbeitet und 1966 der Abgeordnetenversammlung zur Diskussion gestellt. Damit war das Thema Dritte Welt auf der Traktandenliste des Kirchenbundes. Professor Biéler drückte mir gegenüber die Erwartung aus, ich könnte derjenige sein, der seine Thesen mittels eines Grossanlasses, sozusagen in einem «Hoselupf», in die kirchliche und politische Praxis umsetzen könnte. Dieses Zutrauen, aber vor allem die eigene Wahrnehmung der gewaltigen, jedoch noch nicht erkannten Probleme gaben mir den Mut, etwas Ungewöhnliches zu wagen: Ich entwickelte 1967 das Konzept einer grossen Konferenz im Bundeshaus zu dieser Thematik. Nicht ohne Skepsis schlug ich dem Vorstand des Kirchenbundes vor, mich für ein Jahr für die Vorbereitung und Durchführung der Konferenz freizustellen, zweihunderttausend Franken dafür aufzuwenden und die zwei anderen Landeskirchen als Partner einzuladen. Wenn ich mir die heutige Kirchenlandschaft vergegenwärtige, bin ich noch mehr als damals darüber erstaunt, dass ein so verrückter Vorschlag vom Vorstand des Kirchenbundes akzeptiert wurde. Als Präsidenten dieser interkonfessionellen Konferenz «Schweiz–Dritte Welt» konnte ich den ehemaligen Bundesrat Willy Spühler gewinnen. Ich hatte das Glück, ebenfalls zwei sehr kompetente Berater zu bekommen: Dr. Christoph Eckenstein, ein früher hoher Funktionär der UNCTAD (United Nations Conference on Trade and Development), und Botschafter Richard Pestalozzi. Die erste Session der Konferenz begann am 30. Oktober 1970. Geladen waren etwa zweihundertfünfzig Personen, vor allem aus folgenden Bereichen: Wissenschaft, Wirtschaft, Jugend, Entwicklungsländer, Gewerkschaften, politische Parteien und Bundesverwaltung.

Unter den Vertretern der Wirtschaft waren durchaus führende Persönlichkeiten dabei, zum Beispiel der damalige Präsident von Nestlé. Im Vorbereitungsausschuss der Konferenz sassen ganz unterschiedliche Persönlichkeiten von Professor Walter Wittmann über Rudolf Strahm bis Professor Arthur Rich usw. Alt Bundesrat Spühler eröffnete die Tagung, welche drei Tage dauern sollte. Vorgesehen war eine zweite Session einige Wochen später von ebenfalls drei Tagen. Im Anschluss an die unterschiedlichsten Referate gab es eine wilde Diskussion, die sich über Stunden hinzog. Eine der Sensationen war das Referat des Südamerikaners Dr. Raoul Prebisch, des früheren Generalsekretärs der UNCTAD. Ein Beispiel für die Hitze der Diskussion war sicher der Aufruf zu einem Hungerstreik: Ich musste um fünf vor zwölf etwa zweihundert Mittagessen in den Hotels Schweizerhof und Bellevue absagen!

Die Konferenz wurde in der Presse stark beachtet und darf als Meilenstein in der Entwicklungspolitik der Schweiz gelten. Dass dem so ist, beweist der Artikel von Christoph Wehrli in der NZZ vom 14. Juli 2014. In der Rubrik «Blick zurück» wird diese Konferenz noch vierundvierzig Jahre später als ein bedeutsames Ereignis gewürdigt; so auch in der Schweizerischen Zeitschrift für Religions- und Kulturgeschichte (Tschirren, 2010).

Die interkonfessionelle Konferenz «Schweiz–Dritte Welt» forderte meine seelischen und körperlichen Kräfte aufs Äusserste. Dazu kam, dass ich gleichzeitig an meiner Habilitationsschrift arbeitete, die dann in erster Lesung von der Theologischen Fakultät der Universität Bern abgelehnt wurde, und zwar auf Antrag eines nur kurzzeitig an der Fakultät lehrenden deutschen Professors, der auf diese Weise seine Duftnote in Bern hinterliess. Unter der Leitung von Professor Gottfried W. Locher, dem Grossvater des späteren Präsidenten des Kirchenbundes, brachte ich die Habilitationsschrift dann zu einem guten Ende. Aber das war noch nicht alles: Gleichzeitig liefen die Vorbereitungen für die Gründung eines Instituts für Sozialethik. Ich arbeitete also an drei Grossprojekten gleichzeitig, und daneben natürlich am Alltäglichen.

Wohl nicht ohne den Rückenwind der aufsehenerregenden Konferenz erfolgte dann 1971 meine Ernennung zum ausserordentlichen (a.o.) Professor an der Evangelisch-theologischen Fakultät der Universität Bern.

Von besonderer Bedeutung und Hilfe war dieser Rückenwind dann auch für die Verwirklichung beziehungsweise Schaffung des Instituts für Sozialethik des Schweizerischen Evangelischen Kirchenbundes. Die Idee für die Einrichtung eines solchen Instituts reifte während meiner Teilnahme an der ökumenischen Konferenz «Kirche und Gesellschaft» in Genf 1966. Die theoretischen Grundlagen dafür entwickelte ich in meiner Habilitationsschrift: Sozialethischer Auftrag der Kirche:

> Das Handeln der Kirche in der Gesellschaft setzt wissenschaftliche Kenntnis der Sachfragen voraus. Auch die Kirche muss Voraussetzungen und Möglichkeiten dafür schaffen, dass sie die Sachprobleme der Gesellschaft auf dem Niveau der betreffenden Wissenschaft behandeln kann. Sie muss in der Weise organisiert sein, dass sie Grundlagenforschung und gesellschaftswissenschaftliche Studien betreiben kann. Dafür hat sie eine entsprechende Methodik zu erarbeiten sowie die notwendigen Voraussetzungen und Organe zu schaffen. Es geht darum, eine für die Auseinandersetzung im Kräftespiel der pluralistischen Gesellschaft notwendige Denkstruktur der Kirche zu schaffen.

(Ruh, 1971, S. 163f.)

Während heute der Trend sich eher in Richtung Abbau von sozialethischen Instituten in der Kirche entwickelt, gelang es mir, die Abgeordnetenversammlung, das heisst das Parlament des Kirchenbundes, zu überzeugen, ein solches Institut zu gründen – dies allerdings nur mit Hilfe von Persönlichkeiten wie Pfarrer Felix Tschudi und Kirchenratspräsident Ernst Meili von Zürich, nicht zuletzt auch von meinen späteren Kollegen Roland Campiche und Hans-Balz Peter, aber auch vom Präsidenten des Kirchenbundes, Pfarrer Walter Sigrist. Dass ich vorher bei vielen Kirchen und Kirchenleitungen in der deutschen und französischen Schweiz Lobbyarbeit zu verrichten hatte, versteht sich von selbst.

Ein Erlebnis bleibt erwähnenswert: Wenige Tage vor der Abgeordnetenversammlung sass ich in meinem Büro und diskutierte mit einem Pfarrer aus der DDR. Da wurde mir plötzlich ein Telefonat durchgestellt: Am Telefon war Bundespräsident Tschudi. Er war eingeladen, an der Abgeordnetenversammlung, einer Jubiläumsversammlung, eine Rede zu halten. Er fragte mich ganz direkt: «Haben Sie einen Wunsch bezüglich einer Sache, die ich in meiner Rede vorbringen könnte?» Meine Antwort lag auf der Hand. Der DDR-Mann staunte nicht schlecht über die «direkte Demokratie» in der Schweiz. An der Abgeordnetenversammlung hielt dann der Bundespräsident eine Rede, in der er die Bedeutung der Gründung eines sozialethischen Instituts nachdrücklich unterstrich. Die Diskussion darüber wogte hin und her. Der Präsident der waadtländischen Kirche, Pfarrer Bovon, ritt eine scharfe Attacke gegen das Unternehmen, mit folgendem Argument: «Monsieur Ruh, tout ce que vous dites est logique mais inutile.» Die Gründung wurde trotzdem mit grossem Mehr beschlossen, und der massige Pfarrer Bovon kam auf mich zu, schüttelte mir die Hand und sagte, «Vous avez gagné!», und erklärte die Bereitschaft zur Mitarbeit.

Zum Thema Dritte Welt gehört auch die Begegnung mit Bundesrat Professor Wahlen, dem Vater der Anbauschlacht während des Zweiten Weltkriegs. Ein Bezugsfeld war die Totalrevision der Bundesverfassung, welche ihm ein grosses Anliegen war und bei deren Vernehmlassung sich der Kirchenbund engagiert hatte. Aus einem mir heute nicht mehr präsenten Anlass war ich dann, zusammen mit dem späteren ETH-Professor Peter Rieder, Mitglied einer schweizerischen Delegation unter der Leitung von Bundesrat Wahlen an der Tagung der FAO (Food and Agriculture Organization of the United Nations) in Den Haag.

Die Niederländer waren uns in Sachen Jugendprotest und tumultuarischen Jugenddemonstrationen um etliches voraus. Bundesrat Wahlen war über diese ihm neue Kultur, die er hier zum ersten Mal leibhaftig erfuhr, total schockiert. Es gab dann zwischen ihm und seinen zwei Begleitern längere nächtliche Diskussionen und er erholte sich nur langsam von dem Schrecken.

In den Zusammenhang mit der Dritten Welt gehören noch zwei institutionelle Gründungen, an denen ich beteiligt war: Der Gesprächskreis Kirche-Wirtschaft und die «Erklärung von Bern». Zunächst zum genannten Gesprächskreis.

Eines Tages im Jahr 1972 erschien unangemeldet Philippe de Weck, Präsident des Verwaltungsrates der damaligen Schweizerischen Bankgesellschaft, in meinem Büro und trug mir sein Anliegen vor. Es sei nicht hilfreich, dass sich kirchliche Kreise und die Wirtschaft in der Schweiz einen Kleinkrieg lieferten; es sei an der Zeit, Gespräche zwischen diesen beiden Gruppierungen aufzunehmen. Ob ich bereit sei, mit ihm einen solchen Dialogprozess auf die Beine zu stellen. Beeindruckt von der starken und gewinnenden Persönlichkeit de Wecks, auch natürlich von seinem Anliegen, war ich Feuer und Flamme für dieses Projekt, das sich später über viele Jahre hinweg zog.

Philippe de Weck und ich stellten dann eine Liste der Teilnehmer zusammen. Von Seiten der Wirtschaft waren dies Dr. A. Fürer, der Präsident von Nestlé, F. Luterbacher, Präsident von ABB, Dr. L. von Planta, Präsident von Ciba-Geigy; von Seiten der Kirche wurden Pfr. Dr. W. Sigrist, Präsident des Vorstandes des Kirchenbundes, und Bischof Dr. J. Vonderach genannt.

Der Ausgangspunkt der Gespräche sollte dann eine Liste der zu bearbeitenden Probleme sein. Dies war die berühmte Problemliste, welche aus einem Entwurf von Bischof Vonderach hervorging.

Die Motivation der Wirtschaftsseite kann man mit folgenden Punkten zusammenfassen:

- Die zunehmende Sorge wegen der kirchlichen Kritik am Verhalten der Wirtschaft in der Dritten Welt
- Die zunehmenden öffentlichen kirchlichen Stellungnahmen zu gesellschaftlichen Fragen, insbesondere im Hinblick auf die Entwicklungspolitik

Beispiele für die kirchliche Problemliste waren:

- Die aktive Handelsbilanz der Schweiz im Handel mit Entwicklungsländern
- Waffenexporte in Entwicklungsländer
- Die Rolle multinationaler Unternehmen in der Entwicklungszusammenarbeit

- Die Unterstützung von «Befreiungsbewegungen» durch die Kirchen
- Die Unterstützung von Ländern mit totalitären oder rassistischen Systemen durch wirtschaftliche Kontakte

Methodisch lief der Dialog jeweils wie folgt ab: Die Wirtschafts- und die Kirchenführer beauftragten eine Beratergruppe mit dem Verfassen von Entwürfen, die dann in der «Vollversammlung» diskutiert werden sollten. Bemerkenswert für die Frühzeit dieses Gesprächskreises sind zwei publizierte Thesenreihen. Eine erste Thesenreihe umschrieb die Aufgabe der Kirche und die Aufgabe wirtschaftlicher Unternehmen. Eine zweite Thesenreihe bestand in «Leitlinien für die internationale Geschäftstätigkeit» (Gesprächskreis Kirche-Wirtschaft, 1983). Diese letztere Thesenreihe hatte eine gewisse Bedeutung für das Handeln der schweizerischen Wirtschaft in der Dritten Welt, zum Beispiel im Hinblick auf Gewerkschaften im damaligen Südafrika. Interessant waren die Thesen unter dem Titel «Wirtschaftliche Beziehungen zu Ländern mit totalitären und rassistischen Systemen».

In den ersten Jahren war die Diskussion sehr engagiert, ja manchmal leidenschaftlich. Ich erinnere mich auch an Momente, in denen Philippe de Weck anderen Konzernchefs vor unseren Augen die Leviten las.

Nach meiner Wahl zum Professor an der Universität Zürich verlor ich den Kontakt mit dem Gesprächskreis. Ich habe den Eindruck, dass das anfängliche Engagement mit der Zeit und mit dem Wechsel der Personen abflachte.

Die zweite institutionelle Gründung war die «Erklärung von Bern». 1972 berieten sich vor allem Theologen, Kirchenleute und Verantwortliche von Hilfswerken über die Frage, wie die Verantwortung gegenüber der Dritten Welt in der Schweiz vertieft werden könnte. Tonangebende Personen in diesem Kreis waren die Theologieprofessoren Max Geiger, André Biéler und Lukas Vischer sowie Pfarrer Kurt Marti. Einzige Frau war Annemarie Holenstein. Es wurde nach einem Konzept beziehungsweise einer Strategie gesucht, in der das eigene persönliche Engagement mit politischen Forderungen verknüpft werden könnte. Man beschloss, sich öffentlich dafür zu verpflichten, drei Prozent des eigenen Einkommens für die Dritte Welt aufzubringen. Dieses Engagement sollte sozusagen die Legitimation liefern für das politische Engagement der «Erklärung von Bern». Wir baten den ehemaligen Bundesrat Willy Spühler darum, er möge unsere Initialpressekonferenz leiten, was er ohne Weiteres zu tun bereit war. Fast alle Gründungsmitglieder sind heute verstorben, die Institution hat aber je länger, desto mehr eine wichtige Funktion in der schweizerischen Öffentlichkeit, heute unter dem neuen Namen Public Eye.

Arbeit im Institut für Sozialethik

Mit der Gründung des Instituts begann für mich ein neuer Abschnitt in der Tätigkeit beim Kirchenbund. Ich war nun nicht mehr allein, sondern bekam in Roland Campiche und Hans-Balz Peter zwei Kollegen und Mitarbeiter. Gemeinsam setzten wir die sozialethische Arbeit des Kirchenbundes fort, was ein Auszug aus unserer Publikationsreihe «Studien und Berichte aus dem Institut für Sozialethik» eindrücklich zeigt (Institut für Sozialethik, 1970 ff.). Kaum war das Institut für Sozialethik in Betrieb, nahmen wir uns ein neues wichtiges Thema vor: Friedensforschung. Ende 1971 organisierte das Institut ein Seminar zur Frage der Friedensforschung in der Schweiz, welches national und international prominent besetzt war: Aus der Schweiz Botschafter Roy Ganz sowie die Professoren Daniel Frei und Kurt Gasteyger, aus dem Ausland die Professoren Johan Galtung und Dieter Senghaas. Im Übrigen liest sich die Teilnehmerliste wie ein Who is who aus Politik und Wissenschaft in der Schweiz.

Dieses Seminar war sicher ein wichtiger Anstoss für die spätere, vom Bundesrat eingesetzte Kommission, welche die Schaffung eines schweizerischen Friedensinstituts zu behandeln hatte. An unserem Seminar hatte sich nämlich ein Konsens über die Notwendigkeit der Einrichtung eines autonomen Bundesinstituts für Friedensforschung gebildet. In dieser Bundeskommission fanden sich einige Teilnehmerinnen und Teilnehmer unseres Seminars wieder, ich selbst war ebenfalls Mitglied der bundesrätlichen Kommission. Dass der Bundesrat das positive Ergebnis der Kommissionsarbeit sofort in einer Schublade verschwinden liess, steht auf einem anderen Blatt.

Die Begegnung mit Friedensforschern wie Dieter Senghaas und Johan Galtung hat mich stark beeinflusst. Sie war auch fruchtbar für meine Lehrtätigkeit als frischgebackener Professor der Universität Bern. Johan Galtung trat mehrfach in meinen Lehrveranstaltungen als Gastdozent auf. Professor Senghaas besuchte ich in seinem Friedensinstitut in Frankfurt sogar mit einem ganzen Autocar voller Studentinnen und Studenten. Das Thema Frieden war während meiner ganzen Zeit am Institut für Sozialethik immer wieder aktuell. Davon zeugen etwa die Studie 14 «Militärflugzeugkäufe in Europa», die Studie 24 «Sicherheit und Zusammenarbeit in Europa. Kirchliche Gesichtspunkte», vor allem aber Studie 33 «Frieden schaffen, Frieden schützen» von 1983. Zur Studie 14 gab es übrigens ein Nachspiel. Die NZZ publizierte am 8. Juli 1975 einen Artikel unter dem Titel «Sozialethisches zur Militäraviatik»: «Das Institut für Sozialethik des Schweizerischen Evangelischen Kirchenbundes in Bern, eine aus Steuermitteln der Kirchenangehörigen finanzierte und von Prof. Dr. Hans Ruh geleitete Forschungsstätte, hat sich in letzter Zeit immer mehr durch wahrhaft universalwissenschaftlichen Geist hervorgetan. Neuerdings gilt seine Aufmerksamkeit den Problemen der Militärflugzeugkäufe in Europa.» In diesem Artikel wurde die Arbeit des Instituts ins Lächerliche gezogen, und dies war durchaus als Abschuss meiner Kandidatur für die Professur für Sozialethik an der Universität Zürich gedacht und so auch erfolgreich.

Friedensforschung und Fragen der militärischen Strategie standen für mich stets im Vordergrund, schon zur Zeit des Studiums, dann in Berlin, später beim Kirchenbund, aber auch in meinen Lehrveranstaltungen an den Universitäten Bern und Zürich sowie der ETH. Wohl die zentralste Frage, die mich stets umtrieb, war die folgende: Wie ist militärische Verteidigung möglich in einer Zeit, in der ein militärischer Konflikt zu einem unakzeptablen Verlust, ja im Extremfall zum Auslöschen der Menschheit führen kann? Gerade der von mir hoch verehrte Philosoph und Physiker Carl Friedrich von Weizsäcker hatte immer auf die verheerenden Folgen eines modernen Krieges hingewiesen. Aus einer seiner Studien ging hervor, dass ein Atomkrieg zum Beispiel in Europa nur noch eine nicht mehr bewohnbare Wüste hinterlassen würde.

Hinter uns lagen damals aber die Erfahrungen des Zweiten Weltkriegs. Gerade in der Schweiz galt damals die Doktrin, dass das Land sozusagen ohne Rücksicht auf Verluste zu verteidigen sei. Diese Position wurde auch theologisch, gerade von Karl Barth, gestützt: «Man vergisst aber leicht, dass es Wüsteres gibt als den Krieg. Gegen noch Wüsteres uns zu wehren, sei es denn: auch mit Krieg zu wehren, dazu müssen wir um der Heimat willen willig und bereit sein.» (Barth, 1940, S. 11)

Und Barth schrieb schon vor dem Zweiten Weltkrieg an seinen Kollegen Hromadka in Prag, dass jeder tschechische Soldat, der mit der Waffe in der Hand kämpfe, nicht nur die tschechische Grenze, sondern die Kirche Jesu Christi verteidige.

Korpskommandant Alfred Ernst schrieb dazu: «Damals wussten wir sehr gut, was ein Krieg bedeuten würde. Wir haben nie mit einem Sieg gerechnet. Wir waren uns durchaus im klaren, dass wir früher oder später der Übermacht erliegen würden. Aber wir hielten den uns aufgezwungenen Abwehrkampf politisch auch dann für sinnvoll, wenn er mit einer militärischen Niederlage enden sollte.» (zit. in Ruh, 1983c, S. 9)

In Luzern kursierte 1940 ein Flugblatt mit folgendem Inhalt: Wer an die Folgen des Widerstands denkt, ist ein Verräter.

Hinter uns lagen also die Erfahrungen und Doktrinen des Zweiten Weltkriegs. Nun galt es, diese Doktrin auf dem Hintergrund der neuen waffentechnologischen Entwicklung und der apokalyptischen Perspektive zu prüfen. In dieser Lage gab es auch in der Schweiz die Diskussion um die atomare Bewaffnung unserer Armee. Selbst innerhalb der Theologischen Kommission des Kirchenbundes gab es eine Mehrheitsmeinung, die sich gegen ein grundsätzliches Nein zur atomaren Aufrüstung der Schweizer Armee wandte! Ich denke, dass die dort anwesende Mehrheit der Theologieprofessoren nicht sehr erfreut an dieses Statement zurückdenken würde. Zum Glück gab es dann in dieser Kommission eine Minderheit unter der Führung von Karl Barth, welche Klartext redete: «Vorgängig der Beantwortung der Frage nach einer neuen christlichen Stellungnahme zum Krieg als solchen und unabhängig von ihr ist heute so viel klar: Dass er in der Gestalt des Atomkrieges nur in offener Verneinung des Willens des seiner Schöpfung treuen und dem Menschen gnädigen Gottes geführt und vorbereitet werden kann.» (zit. nach Institut für Sozialethik, Nr. 33, 1983, S. 106)

Zur ganzen Vorgeschichte dieser Frage gehörte auch die Aussage des Philosophen Karl Jaspers, wonach letztlich um der Freiheit willen ein Atomkrieg eine Option sein müsse.

Sozusagen das Konzentrat meiner Suche nach Lösungen in diesen Fragekomplexen findet sich in einem Referat vor deutschen Regimentskommandanten und Generälen im Jahr 1983 in der Evangelischen Akademie Tutzing:

Eine Grossmachtstrategie ist dann ethisch gerechtfertigt, wenn sie
- verzichtet auf Ersteinsatz der Atomwaffe,
- verzichtet auf die Entwicklung der Erstschlagkapazität,
- konzeptionell, organisatorisch und technisch ein reines Verteidigungskonzept entwickelt,
- die Verteidigung dezentral organisiert und so dem Prinzip der Nichtschlacht nachlebt,
- alle nichtmilitärischen, das heisst gesellschaftlichen Mittel für die Bekämpfung der Kriegsursachen mobilisiert,
- einseitig auf die oben angedeutete Linie abrüstet, das heisst einseitig das zweiseitig Richtige tut,
- die Zweitschlagkapazität beibehält.

Gerade der letzte Punkt bedarf wohl noch einer ethischen Reflexion. Die Beibehaltung der Zweitschlagkapazität macht aus folgenden Gründen die Welt sicherer:
- Hiroshima geschah in einer Lage, da der Gegner nicht mit Atomwaffen drohen konnte. Die Fähigkeit der Abschreckung bzw. Drohung mit einem unzumutbaren zweiten Schlag verhindert den Einsatz von Atomwaffen mehr als das Fehlen dieser Fähigkeit. Auf jeden Fall hat man das Einzige relevante geschichtliche Ereignis für diesen Standpunkt.
- Das Konzept eines Zweitschlags ist das einzig realistische «alternative» Ziel für einen möglichen politischen Konsens einer Seite, zum Beispiel des Westens.

- Mit einer Zweitschlagkapazität kann kein vernünftiger Angriff ausgeführt werden.
- Wenn der Zeitpunkt für den Einsatz des Zweitschlags eintrifft, dann hat der Prozess der Zerstörung der Menschheit bereits eingesetzt. Sein Einsatz ist dann weder entscheidend schädlich noch entscheidend nützlich. Er kann auch ausbleiben.

(Ruh, 1986, S. 191 ff.)

Im Anschluss an diese Konzeption auf globaler Ebene habe ich mich immer auch mit der Thematik der schweizerischen Verteidigung befasst. Ein Absatz aus einem Artikel, den ich 1983 im «Bulletin des Schweizerischen Arbeitskreises Militär und Sozialwissenschaften» veröffentlichte, gibt die Grundgedanken wieder:

> Und die Schweiz? Geht man von dem in diesen Überlegungen genannten übergeordneten Kriterium der Erhaltung der Schöpfung aus, dann steht die schweizerische Strategie in einem günstigen Licht da. Natürlich können und müssen wir die strategischen Erfordernisse, wie sie für eine Grossmacht gelten, vernachlässigen. Aber zwei Dinge sind es, die das schweizerische Konzept der Verteidigung nahe an das Ideal herankommen lassen:
> - Der Verzicht auf atomare Bewaffnung
> - Die konsequent defensive Verteidigung
>
> Die schwache Stelle des schweizerischen Konzepts sehe ich in dem Umstand, dass die Konzepte für die zwei wichtigsten Sicherheitserfordernisse: Abhaltung vor dem Krieg, Überleben im Krieg noch nicht hinreichend optimiert sind. Noch geht die schweizerische Doktrin von der Vorstellung der Kriegsführung bzw. grösserer oder mittlerer Schlachten aus mit mehrmaligem Hin und Her über den Jura usw. Nach solchen Waffengängen, auch in konventionellem Rahmen, steht das nicht mehr, was man zu schützen beabsichtigt hatte. Die Dezentralisation der territorialen Verteidigung sowie die konsequente Konzentration auf dezentrale Verteidigungswaffen muss weitergeführt werden. Im Rahmen einer solchen Doktrin hätten auch Einheiten Platz, welche für die nichtmilitärische Verteidigung ausgebildet werden.

(Ruh, 1983d, S. 15)

Diese Gedanken habe ich unter anderem am Dolder-Meeting des «Tages-Anzeigers» 1983 in einer Auseinandersetzung mit Generalstabschef Zumstein vorgetragen (siehe Tages-Anzeiger vom 23. November 1983).

Wenn wir schon beim Militär sind, passt dazu die folgende Geschichte: Ein reicher protestantischer Amerikaner wollte sein Erbe – Geld und eine Insel im Meer – einer Kirche zukommen lassen, und zwar derjenigen protestantischen Kirche in der Welt, welche am stärksten antikommunistisch ausgerichtet sei. Seine Anwälte verfielen interessanterweise dabei auf den Schweizerischen Evangelischen Kirchenbund, der dann tatsächlich Erbe einiger Millionen und vor allem einer grösseren Insel in Maine wurde. Mit dem Geld kaufte sich der Kirchenbund seinen Sitz in Bern.

Nach längerer Zeit wollte ein Vorstandsmitglied sich unsere Insel in den USA einmal persönlich anschauen. Was traf er auf der Insel neben herumirrenden Schafen an? Amerikanische Marinesoldaten, welche den Vietnamkrieg übten. Das Vorstandsmitglied kam entsetzt zurück und zunächst galt es, diese Information nicht in die Presse zu bringen. Ich wurde beauftragt, einen Briefentwurf an den amerikanischen Verteidigungsminister Robert McNamara zu schreiben mit der dringenden Bitte, die amerikanische Armee solle von unserer Insel abziehen. Erstaunlicherweise gab es dann eine Antwort aus Washington, in der glaubwürdig versichert wurde, dass die Armee sich sofort zurückziehen werde. Bald darauf verkaufte der Kirchenbund diese Insel.

Waffenausfuhr

Mehr oder weniger gleichzeitig mit der Beschäftigung mit Friedensforschung und Zivildienst nahmen wir ein äusserst brisantes Thema in Angriff: die schweizerische Waffenausfuhr. Davon zeugt eine weitere Veröffentlichung in der Reihe «Studien und Bericht aus dem Institut für Sozialethik», nämlich die 1972 erschienene Nummer 5/6 unter dem Titel «Schweizerische Waffenausfuhr ohne Alternative». Der Anlass war eine Volksinitiative, welche ein Verbot der Waffenausfuhr zum Inhalt hatte und die am 24. September 1972 zur Abstimmung gelangte. Wir kamen im Institut für Sozialethik zum Schluss, dass sowohl das totale Verbot wie auch das von den Räten angenommene Gesetz falsch seien. Eine optimale Lösung sah für uns wie folgt aus: Schaffung von Spezialverträgen über Waffenaustausch mit wenigen Industrieländern bei gleichzeitigem Verzicht auf Waffenlieferungen in die Dritte Welt. Dieser Vorschlag ist heute noch aktueller denn je! Politisch hatte er allerdings keine Chance. Am 24. September 1972 wurde die Waffenausfuhrinitiative vom Volk abgelehnt, und das neue Bundesgesetz über die Kriegsmaterialausfuhr trat in Kraft. Wie so oft war ich mit einer mittleren Lösung gescheitert.

Dieses Muster ist übrigens charakteristisch für viele Aspekte meines gesellschaftspolitischen Engagements: Ich musste mich öfters gegen rechts und links abgrenzen mit einer Position der vernünftigen Mitte, die dann aber nicht akzeptiert wurde. Beispiele dafür sind neben der Waffenausfuhr Themen wie Zivildienst, Verteidigungskonzeption, Grundeinkommen, Sozialstaat, Arbeitsfriede usw. Diese Beobachtung findet sich in einem Interview wieder, das Nationalrat Andreas Gross mit mir am 1. Februar 1985 geführt hat: «Ich habe die Welt als Aufeinanderprallen scharfer Gegensätze erfahren, welche ich nicht aushielt», sagte ich. Und: «Das war für mich ein starkes Motiv bei der Berufswahl. Denn Ethik hat mit Gerechtigkeit zu tun, als Versuch der Heilung von zerbrochenen Beziehungen. Ich suche immer nach einem dritten Punkt, der besser ist als die zwei Positionen, die sich als Gegensatz gegenüberstehen.»

Unsere Studie war in dem Sinne ein voller Erfolg, als sie in der Presse stark, wenn auch kritisch, kommentiert wurde, und ich fast täglich mit grossen Sendungen dieser Studie zur Post ging. Zudem war das Thema Waffenausfuhr endgültig auf der politischen Agenda der Schweiz angekommen. Die Studie hat auch weite Kreise in der Schweiz erschreckt und die Auseinandersetzung mit der politisierenden Kirche endgültig lanciert. Dass sich der Kirchenbundvorstand und die Armeespitze deshalb zu einer Krisensitzung trafen, unterstreicht diese Entwicklung. (Siehe auch Kapitel 12 «Schweizerischer Staatsschutz» auf Seite 115.)

Zivildienst

Am 1./2. Dezember 1972 organisierte das Institut für Sozialethik ein Seminar zum Thema Zivildienst. Der Auftrag des Vorstandes lautete, eine Studie zu verfassen, die sich mit einem Modell des Zivildienstes in der Schweiz auseinandersetzte. Das Engagement des Kirchenbundes für den Zivildienst hatte Tradition: 1947 postulierte die Abgeordnetenversammlung des Kirchenbundes bereits einen Zivildienst für Militärdienstverweigerer. Immer wieder gab es ähnliche Vorstösse, so in den Jahren 1962 und 1963. Damals übergab der Kirchenbundvorstand dem Militärdepartement ein Gutachten der Professoren Richard Bäumlin und Hans Huber, in dem die verfassungsgemässe Einführung eines Zivildienstes begründet wurde. Das Eidgenössische Militärdepartement (heute VBS) lehnte brüsk ab.

Das Resultat unseres Seminars von 1972 war eine Skizze für ein Organisationsmodell des Zivildienstes, dies im Vorfeld der sogenannten Münchensteiner Initiative.

Bis zur Umsetzung des Artikels 59 der Bundesverfassung «Jeder Schweizer ist verpflichtet, Militärdienst zu leisten. Das Gesetz sieht einen zivilen Ersatzdienst vor» lag noch ein weiter Weg. In vielen öffentlichen Vorträgen und vor kirchlichen Gremien setzte ich mich stets für die Einführung eines zivilen Ersatzdienstes ein.

Zu meiner Beschäftigung mit dem Thema Zivildienst gehört auch ein Auftritt meinerseits vor dem Militärgericht in Thun. Der frühere Lehrer einer meiner Söhne und spätere Schriftsteller, Lukas Hartmann, stand dort vor Gericht wegen Militärdienstverweigerung. Er hatte mich gebeten, die Verteidigung zu übernehmen, was damals noch für Nichtjuristen möglich war. Ich operierte vor dem Gericht mit der Definition des Gewissens: Das Gewissen ist kein Diskussionsbeitrag, sondern eine innere kategorische Instanz. Wenn ich mich dieser Instanz widersetze, ist meine Identität in Gefahr. Die Militärrichter liessen sich überzeugen und für den Angeklagten gab es einen Freispruch.

Neutralität der Schweiz

In den Sechziger- und Siebzigerjahren beschäftigte mich, zum Teil recht intensiv, die Idee der Schweiz, vor allem die Maxime der Neutralität, wie dies aus verschiedenen veröffentlichten und nicht veröffentlichten Texten hervorgeht. Ich verstand die Idee der Schweiz ganz besonders auf dem Hintergrund der Mediation, die in der Geschichte immer eine Rolle gespielt hat. Meine Hauptfrage war: Wie kann die Schweiz ihre Neutralität, welche ethisch eine bedeutsame Sache darstellt, in der Zukunft bewahren, ohne sich in den kommenden Zusammenschlüssen von Staaten und in der globalisierten Welt zu isolieren? Mein Hauptpostulat war das folgende:

Wir müssen mit dem schweizerischen Staat mitdenken und ihn befähigen, dass er im Stande ist, die Neutralität gegen innen und aussen zu verteidigen. Das heisst, dass wir daran zu arbeiten haben, sozusagen das Vokabular zu erarbeiten haben, mit dem die Schweiz im beginnenden supranationalstaatlichen Zeitalter die Neutralität gegen innen und aussen glaubhaft darstellen kann.

Ich glaube, dass das gelingen kann, wenn wir den einen Traditionsstrang wieder ans Licht bringen, den wir mit den Stichworten Solidarität, Mediation, humanitäre Aufgabe, Friedenspolitik, Erkenntnis in die Unmöglichkeit des Krieges etc. beschrieben haben, wenn wir den Begriff der Solidarität wirklich ernst nehmen, in den ersten Rang erheben und zum integralen Bestandteil der Neutralität erklären. Das Schlagwort, das diesen Vorgang auszudrücken hat, will ich – in Abwandlung des Petitpierre-Wortes «Neutralität *und* Solidarität» – «Neutralität *als* Solidarität» nennen. Wir müssten die Neutralität als Solidarität einleuchtend machen. Wir müssen dann zeigen können, wie die Tatsache, dass sich ein Land aus dem Krieg heraushalten will, keine Negation, sondern eine Position darstellt. Wir müssen Voraussetzungen schaffen, dass wir unseren europäischen Nachbarn einleuchtend zeigen können: Der innere Wert der Neutralität ist von solcher Bedeutung, auch für die Zukunft Europas, ja für die Welt im Zeitalter der Atomwaffen, dass ein Land unmöglich diese Position aufgeben kann, nicht aus national-egoistischen Interessen, sondern aus Verpflichtung der Zukunft Europas und der Welt gegenüber. Wir müssen offensiv werden mit dem Programm der Neutralität. Nicht diejenigen in einem vereinigten Europa haben sich zu entschuldigen, die neutral sind, sondern die andern, die es nicht sind.

(Ruh, 1968)

Energie

Auch die Beschäftigung des Instituts mit der Energiefrage war mindestens zum Teil die Folge internationaler ökumenischer Verlautbarungen. Dies gilt insbesondere für die Vollversammlung des Ökumenischen Rates in Nairobi. Dazu kamen Anstösse aus der Schweiz selbst, vor allem von Seiten der Nationalkirche Genf, welche 1975 den Kirchenbund aufforderte, das Problem der Kernenergie und die Frage der Verantwortung der Kirche im Rahmen der Energiedebatte aufzugreifen.

Bereits 1975 publizierten wir im Institut eine Studie zum Thema Kernenergie. Der eigentliche Start zur Energiedebatte des Kirchenbundes war das Kolloquium vom 21./22. beziehungsweise 28. April 1979, an dem neben den kirchlichen Vertretern auch Persönlichkeiten aus Politik, Wissenschaft und Verwaltung teilnahmen, nicht zuletzt der Direktor des Bundesamtes für Energie, Eduard Kiener.

Im Kolloquium ging es um die folgenden Themen:

- Sinn, Ziele und Werte
- Die Beziehung des Menschen zu Technik und Natur
- Das Problem des Risikos
- Energie und demokratische Mitbestimmung
- Die Rolle der Kirche in der Energiedebatte

Im Zentrum stand natürlich auch die Auseinandersetzung mit der Gesamtenergiekonzeption (GEK) des Bundes. Dass die Beiträge der Kirche in der Folge ernst genommen wurden, zeigt der Umstand, dass das Institut ein Projekt im Rahmen des nationalen Forschungsprogrammes 44 des Nationalfonds zum Thema Energie zugesprochen bekam. Die entsprechenden Resultate finden sich in der späteren Publikation «Energie, Kirche und Gesellschaft» (Institut für Sozialethik, Nr. 30, 1980).

1983 konnte ich im Rahmen der Studiengruppe «Energieperspektiven» vor einem erlesenen Publikum der Energielandschaft Schweiz meine Thesen zu den anthropologischen und sozialen Grenzen des

Energieverbrauchs vertreten, insbesondere die These, dass wir eigentlich zu viel Energie zur Verfügung haben:

1. Der grosse Energiekonsum wirkt als Verstärker der menschlichen Aussenorientierung.
2. Der hohe Energieverbrauch im Rahmen der Industriegesellschaft löst die falschen Probleme.
3. «Weiche» Energieformen haben positivere soziale Auswirkungen als «harte» Energieformen.
4. Die Gefährdung eines Wahrnehmungs- und Bedürfnisgleichgewichts.
5. Der Mensch bleibt der alte, die Mittel werden gefährlicher.
6. Die mit hohem «hartem» Energiekonsum verbundenen Sicherheitsfragen können die menschlichen und sozialen Voraussetzungen überfordern.
7. Die Zerstörung von Kulturen, Traditionen und Werten.
8. Die Schaffung einer künstlichen Welt.

1993 publizierte ich, zusammen mit Dr. Hansjörg Seiler von der ETH, die Ergebnisse des ETH-Workshops vom 23./25. November 1992 unter dem Titel «Gesellschaft – Ethik – Risiko». Dort finden sich auch meine Thesen zu den Risiken im Energiebereich:

Grösstrisiken

Wenn es stimmt, dass die Überlebensfähigkeit des Menschen auf diesem Planeten nur gegeben ist, wenn wir uns an der Idee der geschlossenen Stoffkreisläufe orientieren, dann ist das eigentlich unzumutbare Grossrisiko der Mensch mit seiner Zivilisation bzw. Produktionsweise, inbegriffen atomare, chemische oder gentechnologische punktuelle Grösstrisiken. Diese Risiken widersprechen allen ethischen Normen massiv und sind auch als sehr unwahrscheinliche nicht akzeptabel.

Regionale GAUs

1. Risiken sind nicht akzeptabel, wenn sie kollektive Lebenswerte einer Region zu vernichten drohen.
2. Sie sind insbesondere darum nicht akzeptabel, weil es keine Solidargemeinschaft mehr geben kann, welche im Falle von Katastrophen Linderung verspricht.
3. Wenn kein Neuanfang mehr möglich ist, sind Risiken ebenfalls absolut verboten.

4. Wenn Risiken eine völlige Destabilisierung androhen, vor allem hinsichtlich Gewalt und Not, dann sind sie nicht akzeptabel.
5. Regionale Risiken finden ihre Grenze auch dort, wo sie massiv Arten der Region bedrohen.
6. Zusammengefasst kann man also sagen, dass regionale Risiken dann nicht akzeptabel sind, auch nicht bei geringer Eintretenswahrscheinlichkeit, wenn sie im Sinne der obigen Punkte 1–5 die Lebensqualität einer Region in Frage stellen.

(Ruh/Seiler, 1993, S. 167)

Die Arbeit am Energieproblem ging weiter. Im Februar 1998 startete die Kommission «Energie-Dialog Entsorgung» des Bundesamtes für Energie. Bundesrat Moritz Leuenberger hatte mich als Präsidenten dieser Kommission vorgeschlagen. Im Mandat wurden folgende Ziele der Kommissionsarbeit festgehalten:

Ziel

- Diskussion und Herausarbeiten von Konsensvorschlägen zu wichtigen Grundsatzfragen sowie zu technischen, rechtlichen und finanziellen Fragen der nuklearen Entsorgung im Hinblick auf das neue Kernenergiegesetz.
- Festhalten der Ansichten, über welche Einigkeit besteht. Darstellung wichtiger Dissenspunkte.

Fragestellungen

Grundsatzfragen:
- Gegenüberstellung der Vor- und Nachteile der Endlagerung und der kontrollierten Langzeitlagerung,
- Gegenüberstellung der Vor- und Nachteile der Wiederaufarbeitung und der direkten Endlagerung.

Technische, rechtliche und finanzielle Fragen:
- Rückholbarkeit und Kontrollierbarkeit der in ein Endlager verbrachten Abfälle,
- Verschluss eines Endlagers,
- Verantwortlichkeit und Haftung in ferner Zukunft bei der Lagerung von Abfällen mit langer Halbwertzeit,
- Sicherstellung der Finanzierung der nuklearen Entsorgung.

Ich machte von Anfang an klar, dass ich diese Kommission im Stile eines Seminars zu leiten gedenke, nämlich ausschliesslich argumentativ. Die folgenden Thesen zum Thema Langzeitlagerung atomarer Abfälle und dem Betrieb atomarer Anlagen sind für diesen Stil ein Beispiel:

1. Die sichere Langzeitlagerung atomarer Abfälle ist notwendig und vernünftig.
2. Widerstand gegen These 1 ist grundsätzlich nur sinnvoll und vernünftig, wenn durch die Zustimmung zur These 1 eine grössere Gefahr produziert würde.
3. Eine erste solche Gefahr ist dann denkbar, wenn die Zustimmung zur Langzeitlagerung ein höheres Quantum an Abfällen produzieren würde und dieses höhere Quantum eine Erhöhung der Sicherheitsprobleme bringen würde.
4. Eine zweite solche Gefahr könnte dann gegeben sein, wenn die Lösung der Lagerung den Betrieb von atomaren Anlagen verlängern oder ausdehnen würde und diese Weiterführung des Betriebs eine grössere Gefahr darstellen würde als der Status quo.
5. Ob der Widerstand gegen die Langzeitlagerung ein politisches Mittel gegen die Weiterführung des Betriebs atomarer Anlagen ist oder sein soll, ist speziell zu prüfen, z.T. auf dem Hintergrund der Thesen 3 und 4.
6. Wenn die Weiterführung eine sehr grosse Gefahr ist und wenn die Zustimmung zur langfristigen Lagerung diese Gefahr erhöht, dann ist der Widerstand gegen die Endlagerung aus einer bestimmten Perspektive vernünftig.

Zunächst hielten sich die Kommissionsmitglieder an meine methodischen Vorgaben. Wir hatten auch die Gelegenheit, hochrangige Experten aus dem In- und Ausland einzuladen. Aber in der alles entscheidenden Schlusssitzung haben alle Seiten die argumentative Kultur weggelegt, und es ergab sich eine unüblich hitzige Diskussion. Es zeigte sich wieder der Gegensatz «Endlager» gegen «kontrolliertes und rückholbares Langzeitlager» und der Widerstand gegenüber dem von mir anvisierten Konsens: Gemeinsame Arbeit für ein kontrolliertes und rückholbares Langzeitendlager, dafür keine neuen Atomkraftwerke und ein absehbares Ende der Stromerzeugung durch Kernenergie. Dieses Konzept wurde von allen Seiten brüsk und vehement abgelehnt. Der Vertreter des Bundesamtes für Energie meinte nachher, eine so wüste Schlusssitzung habe er noch nie erlebt. Ich stand sozusagen mit abgesägten Hosen da. Zwischenzeitlich gab es übrigens einen Brief aus der Energiewirtschaft an Bundesrat Leuenberger mit dem Ansinnen, mich sofort als Präsidenten abzusetzen. Bundesrat Leuenberger ging nicht darauf ein.

Es gab nicht einmal die Möglichkeit eines Schlussberichts der Kommission. So verfasste ich am 16. November 1998 einen «Schlussbericht des Vorsitzenden zu Handen des Eidg. Departements für Umwelt, Verkehr, Energie und Kommunikation». Mit anderen Worten: In dieser Sache bin ich genauso gescheitert wie meine Vorgänger und meine Nachfolger.

Ich habe mich später immer wieder zur Energiefrage publizistisch geäussert, zum Beispiel in «Unipress 70», der Pressestelle der Universität Bern, im Oktober 1991:

> Als Lösung für einen sinnvollen Umgang mit den Energien skizzierte Ruh eine neue, marktwirtschaftlich orientierte Form von Lenkungsabgaben: Die übliche Einkommenssteuer könnte wohl weitgehend aufgegeben werden, falls die Energie mit einer Lenkungssteuer, einer Wirkungsgradsteuer und einer Art «Giftsteuer» (für gefährliche Stoffe) belegt würde. Eine Strategie internationaler Abkommen müsste die weltweite Einhaltung derartiger Bestimmungen gewährleisten. Und eine Art Vierte Gewalt – Ruh denkt an einen «Rat der Weisen» – sollte dafür sorgen, dass die wirklichen Probleme angepackt und nicht «Probleme gelöst werden, die wir nicht haben.»
> Ruh gibt Folgendes zu bedenken: Falls der ungezügelte Energieverbrauch weiter zunimmt und – als Folge eines dadurch bewirkten Klimawechsels – der Meeresspiegel steigt und beispielsweise Bangladesch überschwemmt wird, werden die 125 Millionen Bewohner dieses Staates – wie auch die Bewohner anderer bedrohter Regionen – in alle Welt zu fliehen versuchen. Was diese Migration für die Schweiz bedeutet, die schon 30 000 Asylanten pro Jahr offensichtlich nicht verkraften kann, ist leicht auszumalen.

Wie in manch anderen Fällen war ich mit der Idee der Lenkungsabgabe zu früh. Ich denke, dass dieses «zu früh» ein Markenzeichen für mich geworden ist. Ich denke dabei an Themen wie Sozialdienst, Grundeinkommen, Entwicklungshilfe, Umweltfragen, Wirtschaftsethik usw. Vieles, wofür ich Jahrzehnte gekämpft habe – und dafür angefeindet wurde –, beginnt sich hoffentlich in Zukunft doch noch durchzusetzen.

Boden

Ein weiteres Langzeitthema war der Umgang mit Grund und Boden. 1967 legte der Bundesrat einen Entwurf für eine verfassungsrechtliche Ordnung des Bodenrechts vor. Der Kirchenbund schaltete sich in die Diskussion ein und beauftragte eine Kommission, der auch ich angehörte, folgende Aufgaben zu übernehmen:

1. In der Frage des Bodenrechts eine sozialethische Grundlagenarbeit in Angriff zu nehmen;
2. die gesetzgeberische Arbeit aus der Nähe zu verfolgen und gegebenenfalls die Überzeugungen und Einsichten der Kommission bei den zuständigen Instanzen zu Gehör zu bringen;
3. einen Beitrag zur allgemeinen Bewusstseinsbildung und zur Klärung und Stärkung der Verantwortung in der Bodenrechtsdiskussion zu leisten.

Wiederum ist erstaunlich, dass sich für eine kirchliche Kommission hochkarätige Experten zur Verfügung gestellt haben wie etwa Prof. Arthur Meier-Hayoz oder Jean-Pierre Vouga, Kantonsarchitekt des Kantons Waadt, u. a. m. Dies gilt auch für die römisch-katholische Seite. So hatte ich später Besprechungen mit Bundesrat Roger Bonvin in seiner Funktion als Präsident von Justitia et Pax. Die zentralen Aussagen der Kommission, heute weitgehend Realität, waren damals eine gewichtige Stimme in der politischen Diskussion um Bodenrecht und Raumplanung. Der Kommissionsbericht wurde 1969 in der Reihe «polis» unter dem Titel «Neues Recht für unseren Boden» veröffentlicht (Geiger u. a., 1969):

Bisher lag die Bodenpolitik vornehmlich in der Verantwortung der Gemeinden. Die heutigen Anforderungen an die Landesplanung übersteigen jedoch die örtlichen und regionalen Interessen bei Weitem, ja sie basieren gerade auf den übergeordneten Bedürfnissen einer gesamtschweizerischen gleichmässigen und optimalen Wirtschafts- und Bevölkerungsentwicklung. Es ist deshalb unrealistisch – selbst wenn die rechtlichen Möglichkeiten bestehen würden –, von den Gemeinden und Kantonen die Lösung der Landesplanung-Aufgaben zu erwarten; diese Lösung kann nur auf Bundesebene in einer gesamtschweizerischen Rahmenplanung gesucht werden.

Die Ordnung der Landesplanung lässt sich von jener des Bodenrechts nicht trennen. Zur Verwirklichung der Landesplanung muss dem Bund eine umfassende verfassungsmässige Kompetenz zugesprochen werden: Er muss das Leitbild (das heisst die Ziele) der Landesplanung umschreiben können und die Befugnis haben, Kantone und Gemeinden auf dieses Leitbild hin zu verpflichten. […]

Voraussetzung für die Normalisierung der Bodenmärkte für die verschiedenen Nutzungsarten ist eine umfassende Zonenplanung.

(Geiger u.a., 1969, S. 101f.)

Meine Beschäftigung mit der Frage von Grund und Boden fand eine Fortsetzung durch den Umstand, dass ich ein Teilprojekt im Rahmen des Nationalen Forschungsprogramms «Boden» (NFP 22) zugeteilt bekam. Die Mitarbeit an diesem Forschungsprogramm war für mich der Anlass, die Bodenfrage grundsätzlich auf dem Hintergrund biblischer Aussagen und ökologischer Konzepte anzugehen. Wichtig wurden für mich Aussagen des Alten Testaments:

Primär sei hier an die Tatsache erinnert, dass das Volk Israel wusste, dass das Land von Gott geschenkt ist und Gott gehört, dem Menschen letztlich nur als Lehen gegeben ist. «Grund und Boden darf nicht für immer verkauft werden, denn das Land ist mein» (3. Mose 25,23). Dieses Bewusstsein führte dann dazu, dass das Land im Idealfall nicht verkauft, sondern verlost wurde. Einige Bezeichnungen für den Boden weisen in diese Richtung: Chebel (Messschnur), Chelq (Anteil vom gemeinsamen Landbesitz) und vor allem Goral (Los, Losanteil). Weiter gehört es zu einer religiösen Bestimmung, dass der Boden Familienbesitz ist und bleibt. Ebenso legen die Propheten ganz massiv gegen die Bodenspekulation los. Und endlich gehört dazu die wichtige Bestimmung über die Brache. «Sechs Jahre sollst du dein Land bestellen und seinen Ertrag einsammeln. Im siebenten Jahr aber sollst du es brach liegen lassen und freigeben, damit die Armen deines Volkes sich davon nähren können. Und was übrig bleibt, mag das Wild des Feldes fressen. Ebenso sollst du es mit deinem Weinberg und deinen Ölbäumen halten.» (2. Mose 23,10). (Ruh, 1991, S. 50f.)

Die Ergebnisse unserer Forschung finden sich in der Schrift «Ethik und Boden».

Der haushälterische Umgang mit dem Boden muss eine klare Prioritätsordnung einhalten, und zwar in der Reihenfolge: Bewahrung der Lebensgrundlagen für Mensch und Natur; Deckung der elementaren Bedürfnisse der Menschen; faire Konfliktregelung im Konflikt zwischen zivilisatorischen Bedürfnissen der Menschen und den Basisbedürfnissen nichtmenschlicher Lebewesen; Gerechtigkeit unter den Menschen.

(Ruh u. a., 1990, S. 7)

Juli 1933: Hans Ruh mit seiner Mutter Marthe Ruh-Bolle.

Juli 1934: Hans Ruh mit seinem Vater Gotthilf Ruh.

September 1933: Hans Ruh mit seinem Grossvater John Bolle.

1938: Die Eltern mit den Söhnen Hans (vorne stehend) und Ernst (auf dem Arm des Vaters) in Höngg.

1943: Hans Ruh (links) nach seiner Blinddarmoperation im Spital Richterswil.

1945: Die Geschwister (von links nach rechts) Ernst, Paul, Hans und Martha Ruh in Altdorf.

1943: Marthe Ruh-Bolle schiebt ihren Vater John in seinem Rollstuhl in Richterswil. Daneben die zwei Brüder von Hans Ruh, Ernst (links) und Paul (rechts).

1949: Hans Ruh (rechts) gewinnt das Jugend-Schachturnier in Luzern.

ca. 1949: Hans Ruh (links) im Sportunterricht an der Kantonsschule Schaffhausen.

ca. 1946: Schulfoto Gesamtschule in Altdorf, acht Jahrgänge in einer Klasse. Hinten steht der Vater und Lehrer Gotthilf Ruh, in der mittleren Reihe ganz rechts sitzt Hans Ruh.

1954: Maturaklasse (humanistische Abteilung) der Kantonsschule Schaffhausen.
In der untersten Reihe zu sehen sind Edwin Rühli (ganz links), Peter Schärer (dritter von links), Hans Ruh (zweiter von rechts) und Gerhard Blocher (ganz rechts).

Wolfram Blocher, Pfarrer
Laufen am Rheinfall
Postadresse:
Dachsen (Kt. Zürich)

24. Mai 1950.

Lieber Hans!

Wie du weisst, wird unser Gerhard am Palmsonntag, den 2. April, hier in Laufen konfirmiert. Eine besondere Freude glauben wir ihm zu bereiten, wenn wir dazu auch dich, seinen Freund, einladen, und wir wären sehr erfreut, wenn du diese Einladung annehmen könntest und wolltest. Gerhards Pate, Pf. Rud. Liechti in Basel, ist leider letzten Jahr gestorben. Seine Frau wird an seine Stelle treten; ausserdem wird wahrscheinlich eine Tante Gerhards kommen. Wir möchten nun aber auch noch einen männlichen Gast unter uns haben! Dürfen wir dich erwarten?

Die Konfirmationsfeier beginnt vermutlich punkt 10 Uhr. Wenn du uns gesprächsweise gedenkst, möchte ich dich bitten, schon etwa

Gerhard Blochers Vater, Wolfram Blocher, schreibt Hans Ruh diesen Brief, in dem er ihn zur Konfirmation seines Sohnes einlädt.

Trohl vor 10 Uhr im Pfarrhaus zu sein. Wir würden dann mit einander ins Gotteshaus gehen. Nach der Feier werden wir mit unseren Gästen bei einem schlichten „Festessen" und nachmittags durch ein gemütliches Beisammensein jüngerls Konfirmations-tag häuslich feiern.

Darf ich Dich um eine baldige Antwort bitten?

Es grüssen Dich und Deine Eltern freundlich
Dein

Wolfram Bloche und Frau.

ca. 1950: Hans Ruh bei der Feuerwehr, vor dem Wohn- und Schulhaus in Benken.

1954: Hans Ruh (hintere Reihe, zweiter von rechts) in der Rekrutenschule in der Kaserne Zürich.

Protokoll vom 23.9.59

Zuerst sangen wir "Nun danket alle Gott".
Dann sprachen wir über die unentwickelten Völker, die den Christlichen Glauben nicht kennen.
Was man machen kann, damit diese Völker auch den Glauben bekommen.
Als wir mit diesem Kapitel fertig waren, schrieben wir in unser Heft "Die Rede von den letzten Dingen".
Später bekamen 3 Kameraden von Herrn Ruh ein paar Ohrfeigen.

1959: Aus dem Protokollheft der Religionsstunde in einem Basler Gymnasium, an dem Hans Ruh unterrichtete.

KANTONSPOLIZEI
BERN

POLICE CANTONALE
BERNOISE

Notiz

SCHWEIZERISCHE
BUNDESANWALTSCHAFT
E 2 2. SEP. 1972

Entwendung von Dokumentationsmaterial über die "WAFFENAUSFUHR" aus dem Personenwagen des RUH Hans, 26.4.1933, STUCKISHAUS.

Wie aus der beiliegenden Notiz der Kantonspolizei Bremgarten ersichtlich ist, hat

R u h Hans, 26.4.1933, Pfarrer/Prof theol, wft. in
STUCKISHAUS, Halen 5,

eine Strafanzeige wegen Diebstahl eingereicht. Im vergangenen Monat soll ihm aus seinem Personenwagen eine Mappe gestohlen worden sein, die, nach seinen Angaben Dokumentationsmaterial über die WAFFENAUSFUHR enthielt.

Am 13.4.1965 ist Pfarrer RUH von Prag her in die Schweiz eingereist, (Einreisebewilligung).

Andere politische Vorgänge über den Genannten bestehen nicht.

Wie alle "modernen" Seelsorger scheint auch er der Politik nicht ganz entsagen zu können.

BERN, 20.9.1972

(1)

geht zur Kenntnis an:

- Schweizerische Bundesanwaltschaft, Polizeidienst, BERN/Bundeshaus.

BERN, 20.9.1972

Polizeikommando des Kts. Bern
Nachrichtendienst

(1)

Eine von Hans Ruhs Fichen.

1963: Hans Ruh mit seinem Sohn Michael in den Englandferien.

1964: Wohnhaus in Berlin, Konradshöhe, Bärbelweg.

ca. 1985: Auf der Fahrt zur Seminarwoche in Cinuos-chel im Engadin.

ca. 1985: Hans Ruh (dritter von rechts) bei der Prüfung der Tierversuchstation von Ciba-Geigy.

ca. 1985: Hans Ruh, Kurt Müller, Verena Diener und Ulrich Bremi (von links nach rechts) an einer politischen Veranstaltung.

ca. 1990: Hans Ruh am Theologischen Seminar der Universität Zürich.

1993: Hans Ruh am 25. Engadiner Skimarathon.

2005: Hans Ruh im Ferienhaus der Familie in Gunten am Thunersee.

Kapitel 7
Arbeitsgruppen

> "Wie ein Balletttänzer, natürlich weiss gekleidet und mit den berühmten roten Schuhen, stieg der Papst aus dem Flugzeug und wir durften artig Hände schütteln."

Ein wesentlicher Teil meiner Arbeit beim Kirchenbund bestand in der Anregung, Schaffung und Begleitung von Arbeitsgruppen beziehungsweise Kommissionen. Die eben erwähnte Kommission für das Bodenrecht ist dafür ein Beispiel, ebenfalls die schon erwähnte Arbeitsgruppe Kirche–Wirtschaft. Mit Blick auf letztere wurde von verschiedenen Seiten eine vergleichbare Arbeitsgruppe Kirche–Gewerkschaften angeregt. Zusammen mit meinem Halenfreund Benno Hardmeier, Sekretär des Gewerkschaftsbundes, realisierten wir diese Idee. Wichtigster Gegenstand der Gespräche war der Arbeitsfriede in der Schweiz.

Im Anschluss an die Gespräche zwischen Kirchenbundsvorstand und Bischofskonferenz bekam ich den Auftrag, eine interkonfessionelle Kommission zu gründen. Dies gelang mir mit Unterstützung theologischer Freunde auf beiden Seiten, allen voran Professor Alfred Schindler und Professor Heinrich Stirnimann. In dieser Arbeitsgruppe gab es einen intensiven Dialog immer mit Blick auf eine Annäherung und Kooperation der evangelischen und der römisch-katholischen Kirche. Die Kommission veröffentlichte auch einschlägige Texte, zum Beispiel zur Mischehenfrage. Insgesamt waren wir überzeugt, dass eine enge Verbindung der beiden Kirchen nur noch eine Frage der Zeit sei. Mit dieser Überzeugung erwarteten wir, das heisst einige Mitglieder der Kommission, 1966 die Ankunft von Papst Paul VI. am Flughafen Genf. Wie ein Balletttänzer, natürlich weiss gekleidet und mit den berühmten roten Schuhen, stieg der Papst aus dem Flugzeug und wir durften artig Hände schütteln. Gespannt erwarteten wir in Genf seine Ankündigung, die römisch-katholische Kirche würde jetzt dem Ökumenischen Rat der

Kirchen beitreten. Doch während des ganzen Papstbesuchs blieb diese Ankündigung aus. Ich kann nur so viel sagen: Hätten die in der Kommission versammelten Theologieprofessoren Entscheidungsbefugnisse gehabt, wir wären heute *eine* Kirche.

Zur Zeit der Blüte des ökumenischen Geistes gab es auch den Plan, in Rom ein ökumenisches Institut zu errichten. Lukas Vischer und andere propagierten mich als möglichen Direktor dieses Instituts. Von Seiten der katholischen Kirche war Kardinal Willebrands involviert. Lukas Vischer und ich flogen einmal zusammen an eine Vorbereitungssitzung nach Rom. Im Flugzeug erkannte Lukas Vischer den Erzbischof von New York, und die beiden unterhielten sich intensiv über das Projekt bis zur Landung. Gleich beim Flugzeug wartete ein grosser, vornehmer Fiat auf den Erzbischof, der uns beide für die Fahrt in die Stadt einlud. Er logierte in einem Hotel im Vatikan. Als wir auf dem grossen Platz vor der Peterskirche ankamen, liess er uns samt Gepäck auf dem Platz aussteigen und stehen. Das war ein Omen für das Projekt eines Instituts: Aus den Plänen wurde nichts, der ökumenische Geist erlahmte.

Eine weitere Arbeitsgruppe, die ich mitbegründete, war die Kommission Kirche–Armee, natürlich als Folge der Konflikte zu Themen wie Zivildienst, Friedensforschung, Waffenausfuhr usw. Prägende Figur in dieser Kommission war Korpskommandant Hans Wildbolz. Ein anderes Mitglied war übrigens Oberst Hans W. Kopp, der Gatte der Bundesrätin. Von Seiten der Kirchen waren unter anderem Kirchenbundspräsident Walter Sigrist und Professor Max Geiger dabei. Dieser war während einer Sitzung im Militärdienst. Es gab damals die seltsame Vorschrift, dass ein – bislang – militärdienstbefreiter Pfarrer, wenn er Professor wurde, auch noch mit vierzig Jahren einrücken musste. Dies widerfuhr meinem Freund Max Geiger und er erschien an einer Kommissionssitzung in der Uniform eines gemeinen Soldaten. Korpskommandant Wildbolz fragte ihn, was er so mache im Militärdienst. Professor Geiger: «Ja, gestern habe ich den Offiziersanwärtern die Schuhe geputzt und heute habe ich für das Samichlausfest der Offiziersanwärter Samichläuse beim Loeb gekauft.»

Ein Thema, für das sich der Kirchenbund engagierte, war die Ausländerfrage. Es war die Zeit der sogenannten Schwarzenbach-Initiative, die eine restriktive Einwanderungspolitik forderte. Wie das in der Schweiz so ist, schuf man eine Kommission, und zwar diesmal vom Bund, in der alle Meinungen in dieser Sache vertreten waren. Ich war nicht nur Mitglied dieser bundesrätlichen Kommission, sondern arbeitete auch im Ausschuss, der sich monatlich traf und wichtige politische Entscheidungen vorbereitete. Erstaunlich war der Besuch der Bundesrätin Elisabeth Kopp bei der Kommission, bei dem sie jedes der circa zwanzig Mitglieder mit Handschlag und Namen begrüsste, eine hohe Gedächtnisleistung. Im Ausschuss sassen neben mir James Schwarzenbach, Valentin Oehen und der spätere Nationalrat Jean-Pierre Bonny. Oehen und ich sind öfters aneinander geraten. Ich brachte ihm einmal eine italienische Zeitung in die Sitzung mit, auf deren erster Seite Oehen als «Il Hitler svizzero» vorgestellt wurde. Als wir uns später in anderen Zusammenhängen wieder begegneten, entstand fast eine Freundschaft. Ich habe grossen Respekt auch vor der praktischen Leistung von Oehen, der im Tessin als ökologischer Bauer wirkte und sich für viele wichtige Anliegen immer wieder voll engagierte.

Später arbeitete ich in der vom Bund initiierten Arbeitsgruppe Schweiz–Morgen mit. Wir entwarfen in nächtlichen und engagierten Sitzungen verschiedene Szenarien zur Zukunft der Schweiz. Die Zusammensetzung dieser Kommission war sogenannt hochkarätig, zum Beispiel Brigitte Wehrli, Professor Wolf Linder, Rudolf Strahm, Thomas Bechtler, was den Bundesrat nicht daran hinderte, unseren interessanten Schlussbericht in der berühmten Schublade zum Verschwinden zu bringen.

Kapitel 8

Mein Polizeieinsatz

> "Zu meinem Entsetzen hörte ich die Stimme eines meiner Söhne:
> ‹Papi, du sigsch schiints bi der Schmier!›"

Vor einem Wochenende im Winter 1982 wurde bekannt, dass es in Bern eine nationale Grossdemonstration geben werde. Über fünftausend aufgebrachte Jugendliche aus Zürich wurden zusätzlich zu den in Bern Demonstrierenden erwartet. Ich hatte, nach Gesprächen auch mit Kollegen im Kirchenbund, die Sorge, dass es zu einem richtigen Blutbad kommen könnte. Ich traute auch der Polizei nach all den Erfahrungen nicht zu, eine nach Möglichkeit gewaltfreie Strategie zu entwickeln. Ich war überzeugt, dass die Erwachsenenwelt ihre Überlegenheit möglichst gewaltfrei demonstrieren sollte. So griff ich am Freitag vor der für Samstag angekündigten Grossdemonstration zum Telefon und rief das Kommando der Kantonspolizei Bern an. Ich bekam tatsächlich den Kommandanten, Herrn Christen, ans Telefon, dem ich meine Sorgen für den nächsten Tag schilderte. Der Kommandant stellte mir zwei Fragen: «Was sind Sie von Beruf und wie alt sind Sie?» Ich gab meine Antwort, und ohne jede Diskussion gab mir der Kommandant seinen Befehl durch: «Sie kommen morgen um zwölf Uhr fünfundfünfzig ins Kommando der Kantonspolizei Bern.»

Als ich anderntags um zwölf Uhr fünfundfünfzig dort eintraf, begrüsste mich der Kommandant und stellte mich seinen Offizierskollegen vor mit folgenden Worten: «Das ist Herr Ruh, er ist Theologe und hat ab sofort die gleichen Rechte wie Sie.» Dann ging es in einen Kommandoraum. Das Auffälligste dort war eine Lautsprecheranlage an der Decke oberhalb des Tisches, an dem wir sassen. Bereits nach wenigen Minuten ging über den Lautsprecher die folgende Meldung ein: «Aus Zürich kam ein Zug voller Jugendlicher. Diese demolierten zum Teil die Wagen und bedrohten das Zugpersonal. Der Zug wurde einige Stationen vor Bern angehalten. Was soll man tun?» Einer der Polizeioffiziere rief reflexartig aus: «Die Lokomotive an die andere Seite des Zuges anhängen und den Zug samt Insassen ohne Halt nach Zürich zurückfahren.»

Mittlerweile war die Kunde von diesem Zug auch bei den Tausenden von Jugendlichen angekommen, die den Platz vor dem Polizeigebäude in Bern besetzt hielten. Es wurden Drohungen laut, man würde Gewalt anwenden, wenn den Sympathisanten aus Zürich die Ankunft in Bern verunmöglicht werde. Wir kamen am Kommandotisch zum Schluss – nicht ohne meine Mitwirkung –, es sei wohl gescheiter, die Jugendlichen nach Bern zu bringen. Also wurden sie vor den Toren der Stadt auf Lastwagen geladen und auf den Platz vor dem Polizeigebäude gebracht. Sie wurden dort mit Hurra-Gebrüll frenetisch begrüsst.

Immer wieder kamen Alarmmeldungen aus verschiedenen Quartieren der Stadt Bern, und es wurde jeweils ein Polizeitrupp losgeschickt. Ich plädierte immer wieder auf möglichst gewaltfreies Eingreifen, und man kann nachträglich sagen, dass die Stadt die ganze Nacht ohne grösseren Schaden durchgestanden hat.

Spät in der Nacht ertönte aus dem Lautsprecher eine Mitteilung der besonderen Art. Zu meinem Entsetzen hörte ich die Stimme eines meiner Söhne: «Papi, du sigsch schiints bi der Schmier!» Dann erzählte er stockend, wie er von rechtsradikalen Jugendlichen (sogenannte Faschos) attackiert und zusammengeschlagen worden sei. Die Polizei habe dabeigestanden und nichts unternommen. Sofort wollte ich mit einer Gruppe Polizisten los, ich geriet aber in einen Steinhagel und kehrte ins Kommando zurück. Unterdessen war die Menge vor dem Polizeigebäude aggressiver geworden und drohte mit Angriffen auf das Gebäude. Der Kommandant befahl: «Alle Läden runter!» Dumm nur, dass sie alle verrostet und nicht zu bewegen waren, durchaus ein belustigender Anblick. Gegen Morgen wurde ich mit Dank entlassen, ging nach Hause und fand dort unseren Sohn in ziemlich schlechter Verfassung, unter anderem ohne einige Zähne, im Bett liegen.

Kapitel 9

Jugendunruhen 1980 bis 1982

> "Manche aus dieser einfallenden Horde begannen mit dem Aufschlitzen von Pneus; andere drängten in die Häuser, zerschnitten Telefonkabel und bedrohten die Bewohner."

Die sogenannten Jugendunruhen 1980 bis 1982 waren für mich eine vielfältige Herausforderung. Zunächst waren es die Studierenden, die sich zum Teil mit den «bewegten Jugendlichen» identifizierten. Zwar hatte ich den Eindruck, dass es diesmal keine studentische Revolte war, vielmehr eine Bewegung von Jugendlichen, die sich noch im Schulalter oder in der Lehre befanden. Ich hatte ein paar Mal an sogenannten Vollversammlungen in und um Bern teilgenommen. Es waren dies Versammlungen, in denen sich die Anwesenden meist in einem Kreis aufstellten und in denen Anklage gegen das Establishment erhoben wurde, manchmal auch in Form direkter Konfrontation, das heisst angeklagte prominente Personen standen mitten im Kreis von Protestierenden. Manchmal verlief dies recht tumultuarisch und nicht ohne körperliche Gewalt.

Eine Episode bleibt mir besonders in Erinnerung. Ich war in diesen Jahren Präsident der Eigentümergesellschaft der Siedlung Halen, einer avantgardistischen Siedlung nahe bei Bern mit rund achtzig Wohnhäusern. Zum Markenzeichen dieser Siedlung gehörten die funktionierende Selbstverwaltung, paradiesische Verhältnisse für Kinder, ein hoher Grad von Kommunikation.

An einem Samstag sassen wir, das heisst der Vorstand der Siedlung und viele andere Bewohner, auf dem schönen Dorfplatz und genossen das freie Wochenende. Plötzlich wurde diese Idylle durch den Einmarsch von etwa fünfzig Jugendlichen massiv gestört. Manche aus dieser einfallenden Horde begannen mit dem Aufschlitzen von Pneus; andere drängten in die Häuser, zerschnitten Telefonkabel und bedrohten die Bewohner.

Nun wollte es der Zufall, dass fast der ganze Vorstand der Siedlung, auf jeden Fall entscheidungsfähig, inklusive seines Präsidenten, das heisst mir selbst, sich auf dem Dorfplatz befand. Es ging nicht lange, da kam ein Bewohner mit dem Karabiner um die Ecke gerannt. Uns war klar: Jetzt muss gehandelt werden. Aber wie? Sollten wir die Polizei einschalten? Wir verwarfen einhellig diesen Plan, denn wir befürchteten das Schlimmste bei einem Polizeieinsatz vor allem für die vielen kleinen Kinder der Siedlung. Wir fassten also den heroischen Beschluss: Diese Sache erledigen wir selbst. Wir waren der Überzeugung, dass wir viele weise, geschickte, intelligente und starke Leute unter uns hatten, und wir trauten uns die Eindämmung des Überfalls zu.

Mittlerweile waren viele Halenbewohner aus den Häusern gerannt. Wir als Vorstand gaben die Parole heraus: Bildet kleine Gruppen und versucht, den Haufen der Jugendlichen aufzulösen. Versucht, jeweils als Gruppe auf eine kleine Gruppe der Jugendlichen einzuwirken, Schaden abzuwenden und sie in Gespräche einzubinden. Als ich mich kurz in unserem Haus aufhielt, stürmte eine besonders rabiate Gruppe auf mich los mit einem konkreten Anliegen: Sie hätten gehört, das von Jugendlichen der Siedlung bereitgestellte Bier habe der Vorstand eingezogen und in unserem Haus versteckt. Ich verneinte dies und wurde von drei bis vier empörten Jugendlichen bedroht, unter anderem mit einem Messer. Bei mir stand einer der Mitbewohner von kräftiger Statur mit Erfahrung als Entwicklungshelfer in Afrika; er hatte mir schon vorher signalisiert: Du bist der Präsident und ich bin dein Leibwächter. Als einer der Jugendlichen das Messer bedrohlich auf mich richtete, war die Spannung kaum mehr auszuhalten. Plötzlich schrie mein Leibwächter: «Das Bier ist nicht beim Ruh, es ist beim Müller.» Professor Müller war der übernächste Nachbar, und augenblicklich stürmte die ganze Gruppe aus unserem Haus und versuchte, sich gewaltsam Zugang zum Müllerschen Haus zu verschaffen. Aus dem ersten Stock rief Professor Müller aus dem Fenster: «Ja, das Bier ist bei mir und es bleibt bei mir. Ihr könnt das Haus zerstören, das zelebriere ich.» Dieser letzte Satz bleibt mir immer in Erinnerung, eine Erinnerung an den unbeugsamen Nachbarn und Medizinprofessor, der vor Jahren zusammen mit seiner Frau den Freitod gewählt hat.

Irgendwie konnten wir die Angreifer wieder etwas zerstreuen und beruhigen, aber die Lage blieb gespannt und sah bedrohlich aus. Es war mittlerweile etwa achtzehn Uhr geworden, der Einfall hatte bereits rund zwei Stunden gedauert. Wir als Vorstand entschlossen uns nun, wegen drohender Schäden doch den Kontakt mit der Polizei aufzunehmen, und so alarmierte ich die Kantonspolizei Bern. Ich schilderte die Lage und bekam folgende Antwort auf meine Beschreibung hin: «Da bruuchts Grenadier, aber die müesst er zää Tag vorhäär bschteue (bestellen).»

Nun wusste ich Bescheid, und wir begannen unsere Aufteilungsstrategie konsequent durchzusetzen. Es zeigte sich mit der Zeit, dass entschlossene Bewohnerinnen und Bewohner am Ende halt doch die Stärkeren waren. Immer mehr ermüdeten die Angreifer, und wir beschlossen gegen einundzwanzig Uhr, im Beizli eine Vorstandssitzung abzuhalten. Während dieser Sitzung schlich sich ein Bürschlein, wahrscheinlich um die sechzehn Jahre alt, zu uns hinein und legte sich, angelehnt an meinen Rücken, schlafen. Beeindruckt von unserer nicht repressiven Strategie boten einige Eindringlinge plötzlich an, mit dem Aufräumen zu beginnen, was wir natürlich begrüssten. So nahm das Ganze gegen dreiundzwanzig Uhr ein ruhiges Ende.

Die Geschichte ist aber noch nicht vollständig erzählt, es kommt noch das dicke Ende: Der Einfall der «Bewegten» hatte Schäden verursacht, unter anderem an Gebäuden und Autos, durch Verschmierung usw. Es handelte sich um einige zehntausend Franken, und es stellte sich die Frage, wer das bezahlen sollte. Die Versicherung, die allenfalls in Betracht kam, stellte sich auf den folgenden Standpunkt: Da der Vorstand der Siedlung keinen Polizeieinsatz verlangt hatte, müsse sie nicht für die Schäden aufkommen.

Das war für mich eine ziemlich unangenehme Situation und wir berieten uns im Vorstand mit einem in der Siedlung wohnenden Anwalt. Im Gespräch wurde dann eine Strategie entwickelt, welche ihren Ausgang bei meinem Einsatz im Polizeikommando Bern nahm. Der Anwalt argumentierte gegenüber der Versicherung, ich hätte durchaus Kenntnisse und Fähigkeiten gehabt für die eigene Leitung eines solchen Einsatzes. Wir liessen uns sogar vom Polizeikommando bestätigen, dass ich dort im Einsatz gewesen war. Zweitens brachte der Anwalt als Argument die Aussage der Polizei vor, wonach man die Grenadiere zehn Tage vorher zu bestellen habe. Auf jeden Fall zeigte sich die Versicherung beeindruckt von dieser Argumentation und signalisierte kulante Zahlungsbereitschaft.

Der Clou des Ganzen kommt aber noch: Die Versammlung der Eigentümergesellschaft beschloss, auf den Beitrag der Versicherung zu verzichten. Das war der echte Halengeist.

Im Übrigen beschloss der Vorstand, dass von all diesen Geschehnissen nichts in die Presse kommen solle, damit keine falschen Anreize gesetzt würden.

Kapitel 10

Vortragstätigkeit

> "Da sass also der Vortragsredner auf dem Dach, was die vorbeigehenden Leute höchst verwunderte."

Ab und zu wurde ich zu Vorträgen in Kirchgemeinden geladen, so auch nach Reichenbach im Kandertal. Ich kam relativ früh in Reichenbach an und bestellte in einem Wirtshaus ein Pepita. Bei mir hatte ich einen kleinen weissen Koffer. Ich bereitete mich noch kurz auf den Auftritt vor, was nicht ganz einfach war, weil die Wirtsstube voller lärmender und ziemlich angetrunkener Männer war. Plötzlich zeigte einer der Männer in eher besoffenem Zustand auf mich und sagte: «Dort sitzt der Hausierer, der für die ganze Gegend ein Verkaufsverbot hat.» Im ersten Moment lachte ich, aber der Mann rief: «Lach nicht so blöd!» Dann erklärte er seinen Kumpanen, ich sei wirklich der Hausierer und man müsse mich jetzt zum Teufel jagen. Plötzlich standen zwei der Männer auf und kamen bedrohlich auf mich zu. Einer sagte: «Du verkaufst ja Zahnbürsten und Zahnpasta; und mach mal deine verdammte Tasche auf.» In dieser ziemlich bedrohlichen Situation legte ich meinen weissen Koffer auf den Tisch und öffnete ihn. Natürlich war er nicht voll von Zahnbürsten, sondern voller Bücher. Dieser Anblick übte eine magische Wirkung aus auf die zwei besoffenen Männer, sie hauchten: «Bücher, Bücher ...» und zogen sich rückwärts gehend kleinlaut zurück.

Die magische Ausstrahlung der Bücher war grossartig und machte mir Mut zu einem Gegenangriff: Ich stand auf, stellte mich vor die Kerle und sagte: «Jetzt komme ich dran. Ihr seid eine gemeine Bande, wie ihr mit einem fremden Menschen umgeht. Ihr sollt euch alle schämen.» Die ganze Gesellschaft sagte zunächst kein Wort mehr, dann aber gab es ein gutes Gespräch über den ganzen Vorfall. Ich sagte ihnen, ich müsse jetzt leider ins Pfarrhaus, ich hätte einen Vortrag in der Kirche zu halten und es würde mich freuen, wenn einige von ihnen mitkämen. Dann ging ich ins Pfarrhaus und erzählte dem Pfarrer meine Erlebnisse. Ich schlug ihm vor, ich könnte meinen Vortrag in der Wirtschaft halten, was der Pfarrer aber keine gute Idee fand. Also gingen wir in die Kirche, wo sich nur eine kleine Gruppe von Zuhörern eingefunden hatte. Ich trauerte lange dieser verpassten missionarischen Gelegenheit nach.

Zu einem Vortrag zum Thema Friedensforschung wurde ich von der Studentenschaft der Universität Genf eingeladen. Der Vortrag fand an einem sehr kalten Wintertag hoch oben im Jura statt, und zwar in einem Gebäude ohne Heizung. Das Spannende an diesem Anlass war, dass als zweiter Referent der ehemalige französische Fallschirmgeneral De Bollardière geladen war. Er erzählte uns vom Kriegseinsatz in Vietnam und sprach offen eine schreckliche Tatsache aus: Er hatte als General Tausende von jungen Franzosen als Fallschirmspringer in den Tod geschickt. Dieses Erlebnis machte aus ihm einen leidenschaftlichen Kämpfer für den Frieden.

Nach einem spannenden Abend mit aufregenden Diskussionen führten die Studenten den General und mich in ein kleines Schlafzimmer, ungeheizt, mit einer Temperatur von zwei Grad minus. Ich begann zu jammern, aber De Bollardière meinte: «Jetzt legen wir uns einfach ins Bett, wickeln uns mit dem Mantel gut ein, so wie wir das im Krieg gemacht haben, und dann schlafen wir gut.» So war es dann auch.

1977 erhielt ich für die Teilnahme am Evangelischen Kirchentag in Berlin eine Einladung für ein Referat zum Thema «Die Rolle der Kirchen für die Zukunft Europas». Ich ging bei der Vorbereitung von einem überblickbaren Auditorium mit Diskussionsmöglichkeiten aus. Nach der Ankunft in Berlin wurde mir mitgeteilt, ich hätte sieben Minuten Redezeit zur Verfügung, und zwar vor einem grossen Publikum mit weit über tausend Zuhörern. Was blieb mir anderes übrig, als sofort von Kammermusik auf Orchester umzustellen.

Anfang der Neunzigerjahre wurde ich von einer grösseren IT-Firma zu einem Vortrag über Ethik eingeladen, und zwar im Rahmen einer Veranstaltung, an der Leute wie Zaha Hadid und die damalige Chefin der deutschen Grünen, Jutta Ditfurth, ebenfalls als Referentinnen eingeladen waren. Zaha Hadid kam zu spät, dann aber fuhr sie mit grossem Getöse ein. Die Grüne, Jutta Ditfurth, kam mit dem Flugzeug in Kloten an; dort warteten zwei Wagen auf sie: Der Rolls-Royce des Hotels Baur au Lac, wo sie einquartiert war, und zwei schweizerische grüne Männer mit einem Deux-Chevaux. Das Rennen machte zum Ärger der Grünen der Rolls-Royce.

Noch grösser war der Ärger, als sie nachher im «Spiegel» lesen mussten, dass die deutsche Grünen-Chefin in einem achthundertfränkigen Zimmer, zusammen mit ihrem Freund, auch der ein Grüner, übernachtet habe. Auch hier gibt es noch eine Honorargeschichte. Die Referenten, auch ich, erhielten für ihre Kurzreferate fünftausend Franken, was für mich das höchste je erhaltene Honorar war. Für die Grüne, Frau Ditfurth, war es aber zu bescheiden: Ich beobachtete, wie sie versuchte, ein noch höheres Honorar herauszuschlagen.

Nach Gstaad hatte mich die dortige Pfarrerin, eine frühere Studentin von mir, zu drei Vorträgen eingeladen. Zusammen mit Kathrin wohnte ich im Pfarrhaus. Am Morgen nach der ersten Nacht fühlte ich mich elend und hatte Atemnot. Kathrin und die Pfarrerin waren offenbar ausser Haus, mir wurde immer übler. Da schlich sich eine Katze an mich heran und mir wurde klar: Katzenallergie. Sofort wollte ich an die frische Luft, aber oh Schreck, alle Türen und Fenster waren fest verriegelt, es gab kein Hinausgehen. Mir blieb nur eines übrig: Vom Estrich aus erstieg ich das Dach des Pfarrhauses. Da sass also der Vortragsredner auf dem Dach, was die vorbeigehenden Leute, aber auch die zurückkehrende Pfarrerin und Kathrin höchst verwunderte.

Neben der Katzenallergie führte ich damals noch eine zweite Unannehmlichkeit in meinem Portfolio: Supraventrikuläre Tachykardie, zu Deutsch «plötzlicher Anstieg der Pulsfrequenz». Kurz vor der geplanten Predigt am Sonntag teilte ich der Pfarrerin mit, ich verspüre zweihundert Pulsschläge und könne nicht predigen. Der Anblick der schockierten Pfarrerin liess meine Pulsfrequenz aber plötzlich sinken, und die Predigt konnte auf wundersame Weise stattfinden.

Kapitel 11
Militär

„Im Übrigen war dieser WK für mich darum stressig, weil man auf Befehl des Kommandanten abends und in der Nacht sehr viel trinken musste."

Nach meiner Rückkehr aus Berlin und zu Beginn meiner Tätigkeit beim Schweizerischen Evangelischen Kirchenbund bekam ich vom Militärdepartement die Anfrage, ob ich Feldprediger werden wolle. Ich hatte eigentlich nie an so etwas gedacht, war aber irgendwie gerührt, dass die Schweizerische Armee einem Rückkehrer aus der DDR so viel Vertrauen schenken wollte. Ich legte diese Anfrage dem Kirchenbundsvorstand vor und der empfahl mir, positiv darauf zu reagieren. Also absolvierte ich 1966 die vierzehntägige Feldpredigerschule. Als Abschluss gab es so etwas wie eine Prüfung. Unter der Leitung von Brigadier Schindler bekamen wir eine Aufgabe gestellt, die wir in zwei oder drei Stunden zu lösen hatten. Das Thema war: Wie behandeln Sie bei einem Einfall der Warschauerpakttruppen in die Schweiz die Feldprediger der östlichen Armeen gemäss den Vorschriften der Genfer Konventionen? Ich nahm eines der Blätter, die uns zur Verfügung gestellt wurden und schrieb folgenden Satz: In allen Armeen des Warschauerpakts gibt es keine Feldprediger. Darunter schrieb ich meinen Namen, übergab dem Brigadier Schindler das Blatt und verliess den Saal. Nach dem Ende der Übung gab es eine Besprechung und ich wurde speziell gelobt für meine exakten Kenntnisse der Lage.

Allerdings muss ich hier einen Nachtrag einfügen: Bei einem meiner Besuche in Warschau erzählte ich meinem Freund Andrzej Wójtowicz diese Geschichte. Der sagte mir: Du hast dich gewaltig geirrt, es gibt in der polnischen Armee Feldprediger und der Chef ist sogar Oberst. Ich wollte das nicht glauben, aber er führte mich nach ein paar Tagen zu diesem Feldpredigeroberst, der mir erklärte, er habe seinen Arbeitsplatz in der Zentrale des Warschauerpaktbüros in Warschau.

Ich war eingeteilt gewesen bei der Panzerabwehr, hatte aber nur eine Rekrutenschule und einen WK (Wiederholungskurs) absolviert. Von der Rekrutenschule in Zürich blieb mir eine Episode in besonderer Erinnerung. Bei der Inspektion durch den Obersten fragte der unsere kleine Gruppe von Rekruten, ob wir die Namen der Korporale unseres Zuges kennen würden. Ich war der Letzte in der Gruppe, und der Erste begann mit dem Aufzählen der Offiziere in der Kompanie. Der Oberst fragte auch den Zweiten nach den Namen der Korporale, und wiederum bekam er die falsche Antwort, nämlich die Namen der Leutnants der Kompanie. Das ging so weiter, bis ich als Letzter vom Obersten vor dieselbe Frage gestellt wurde. Nun war ich der einzige Studierende in dieser Gruppe und wollte als solcher nicht auffallen und gab dem Obersten halt auch die falsche Antwort. Da schrie mich der Oberst an: «Was sind Sie von Beruf?» Ich antwortete: «Herr Oberst, Rekrut Ruh, ich bin Student.» Da schrie der Oberst: «Was habe ich gefragt?» Ich erwiderte: «Die Namen der Korporale im Zug.» Der Oberst: «Und was haben Sie geantwortet?» Ich: «Die Namen der Leutnants in der Kompanie.» Da wurde der Oberst vollends wütend und schrie mich an: «Warum geben Sie bewusst eine falsche Antwort?» Ich gab zurück: «Herr Oberst, ich hab das aus Kameradschaftlichkeit gemacht.» Da schrie er mich noch lauter an. Dann trat ich zwei Schritte vor, nahm Stellung an und sagte: «Herr Oberscht, s'isch mer ernscht.» Darauf entfernte er sich. Beim Mittagessen fragte mich Freund Gerhard Blocher: «Was war dir eigentlich so ernst? Man hat es über den ganzen Kasernenhof gehört.»

In Zürich habe ich eine Rekrutenschule der alten Schule mitgemacht. So mussten wir ständig den Gewehrgriff üben, und gemäss dem ausbildenden Chef war dieser erst dann gelungen, wenn die Hand blutete. Für feinfühlige junge Leute war das eine Qual und ich erinnere mich an einen Jusstudenten, der während der Gewehrgriffübung zu schluchzen begann. In dem Moment kam der ausbildende Offizier auf mich zu und sagte: «Ruh, Theologe, ein Fall für Sie.» Und schickte mich zu dem heulenden Studenten.

Auch der Leutnant, ein angehender Sekundarlehrer und späterer Politiker in Zürich, war in seiner Funktion wohl überfordert. Einmal schnauzte er mich während des Gewehrgrifftrainings an: «Wo haben Sie die Hand?» Ich sagte: «Am Kolbenhals.» Er: «Heissen Sie Kolbenhals?» Ich: «Herr Leutnant, Rekrut Ruh, ich heisse Ruh und nicht Kolbenhals.» So viel zum damaligen Niveau der Rekrutenschule.

Wegen einer Marschfraktur im Fussknochen musste ich nach sieben Wochen die Rekrutenschule abbrechen. Ich war nicht der Einzige, der ungefähr nach dieser Einsatzzeit eine solche Fraktur erlitt. Ich wundere mich noch heute, warum die Armee junge Leute mit schweren Maschinengewehren jeden Tag von der Kaserne Zürich bis auf das Militärgelände Brunau hin- und zurückmarschieren liess.

Ein Jahr später wurde ich nach Yverdon aufgeboten. Inzwischen hatte ich ziemlich viel Fett angesetzt und sah offenbar nicht sehr sportlich aus. Auf jeden Fall erklärte mir ein Korporal später, die Korporale hätten mich aus dem Fenster dahertrotten sehen, als ich in die siebte Woche der Rekrutenschule einrückte und sie hätten sich darüber gestritten, wer diesen Übergewichtigen in seine Gruppe aufnehmen müsse. Sie hätten dann beschlossen, mich bei dem Korporal einzuteilen, der keine Aufstiegswünsche hatte. Im Übrigen gab es ziemlich bald wieder eine Inspektion, diesmal durch einen Korpskommandanten. Als ich mich bei dem in Achtungstellung anmeldete, sagte mir der welsche Offizier: «Sie hätten mir die Ehre geben und sich rasieren dürfen.» Ich bewunderte die Eleganz seiner Äusserung, wurde aber im Übrigen ziemlich kleinlaut.

Zurück zum Feldprediger. Mein erster Wiederholungskurs sollte in Airolo stattfinden, und zwar im Winter bei der Gebirgssanität. Zwei Dinge lagen mir vor der Abreise nach Airolo auf dem Magen: Erstens wusste ich immer noch nicht genau, wie man sich in einer Offiziersuniform verhält, und zweitens hatte ich gehört, dass man sich im Zug bei einem anwesenden höheren Kommandanten anmelden müsse. Blöderweise sass im Zug nach Airolo ein Divisionär, und ich ging durch den ganzen Wagen hindurch, nahm vor ihm Stellung an und meldete mich als Hauptmann Ruh. Der fand das ziemlich doof, und ich schlich mich wieder davon. In Airolo schneite es, und es wurde bekannt, dass man zu Fuss zur Kaserne auf dem Gotthardpass oben marschieren müsse. Als unerfahrener Feldprediger hatte ich nur schwarze Halbschuhe an den Füssen. Mit diesen stapfte ich dann zwei Stunden durch den Schnee und oben auf dem Pass konnte ich die Schuhe gleich wegschmeissen.

Ein paar lustige Episoden sind mir von dort aber doch geblieben. Wir hatten eine Kompanie mit Tessinern. Diese verbrachten einmal verbotenerweise die halbe Nacht in Lugano und wurden dann haufenweise eingesperrt. Dabei war der katholische Feldprediger überlastet, und ich bekam die Aufgabe, den vielen Katholiken eine Bibel ins Arrestlokal zu bringen und mit ihnen über ihre Verfehlung zu reden.

Im Übrigen war dieser WK für mich darum stressig, weil man auf Befehl des Kommandanten abends und in der Nacht sehr viel trinken musste. Die Offiziere sassen unter Leitung des Chefs nächtelang zusammen, und wenn einer aufstand und ins Bett wollte, rief der Kommandant: «Noch eine Flasche!» Ich erinnere mich, dass ich manchmal erst um halb fünf völlig kaputt ins Bett schlich. Die militärischen Leistungen am anderen Tag waren bei allen auf einem bescheidenen Niveau. Was aber auch von einem Inspektor nicht erkannt wurde.

Ich war schon einige Jahre Feldprediger bei den Fliegerabwehrtruppen. Eines Morgens um halb acht läutete es an unserer Tür in der Halensiedlung und vor mir stand mein Oberst. Er sagte, er komme im Auftrag unseres Korpskommandanten und überbringe mir die Aufforderung, sofort als Feldprediger zurückzutreten. Im Militärdepartement laufe eine Untersuchung gegen mich wegen eines Vortrags, den ich vor den Offizieren der sechsten Division gehalten hatte. Ich sagte meinem Oberst, zu dem ich ein gutes Verhältnis hatte: «Du kannst dem Korpskommandanten ausrichten: Wenn ihr mir so kommt, dann bleibe ich Feldprediger bis zu meinem Lebensende.» Der Oberst sagte: «Bravo!», und verliess mich. Nach zwei Jahren besuchte uns Korpskommandant Bolliger in einem Wiederholungskurs und sagte zu mir: «Herr Hauptmann, ich will mit Ihnen zu Nacht essen.» Beim Nachtessen eröffnete er mir: «Sie haben Glück gehabt, das Verfahren gegen Sie ist niedergeschlagen worden.» Ich antwortete: «Herr Korpskommandant, Sie haben Glück gehabt. Wenn Sie mich als Feldprediger entlassen hätten, hätte das einen ziemlichen Aufschrei gegeben.» Damit war die Sache erledigt.

Aber es gibt noch einen Nachtrag. Jeden Sommer machten wir im Haus unserer Familie am Thunersee Ferien. Das Haus steht direkt am See. Wir sassen auf der Veranda, als einer meiner Söhne sagte: «Da draussen im Sturm ist ein Surfer in Not, ich glaube, ich muss den ans Land ziehen.» Er machte sich auf und schwamm zu dem Surfer hinaus und zog ihn auf den Steg vor unserem Haus. Gelegentlich wollte ich auch nachsehen, was da passiert war. Ich sah einen Surfer ziemlich kaputt auf dem Steg liegen. Als der mich erblickte, schnellte er plötzlich auf und schrie: «Herr Hauptmann, was machen Sie hier?» Ich antwortete: «Herr Korpskommandant, ich muss fragen, was machen Sie hier?» Es war Korpskommandant Bolliger, der in Gunten das Plakat Surfschule gesehen hatte und sich einfach ohne Vorbildung in den See gewagt hatte. Ich habe dann meinem Sohn erklärt, wen er da aus dem Wasser gezogen hatte. Infolge seiner allgemeinen Einstellung war er «not amused». Nachher erholte sich der Korpskommandant und wir tranken auf der Terrasse einen Tee.

Nachdem ich zehn Jahre Feldprediger bei den Fliegerabwehrtruppen gewesen war, wurde ich zur Gebirgssanität umgeteilt. Das Amt eines Feldpredigers ist eigentlich ein schwieriges: Man steht unnötigerweise herum, wenn andere arbeiten, oder man jasst mit den Offizieren des Stabes oder man hält einen Gottesdienst dann, wenn alle auf die Heimreise warten. Mit der Zeit habe ich wohl meinen eigenen Stil gefunden: Ich bot individuelle Seelsorge an, die, mit wachsendem Vertrauen der Soldaten, immer reger benutzt wurde. Einmal hatte ich in einer solchen Seelsorgestunde einen jüngeren Offizier bei mir, bei dem ich suizidale Absichten vermutete. Ich fragte ihn direkt: «Hast du die Pistole schon geladen?» Er legte sie auf den Tisch.

Der zweite Schwerpunkt meiner Tätigkeit waren Vorträge im Rahmen von Weiterbildungsveranstaltungen, welche junge Militärärzte engagiert organisierten. Mit der Zeit hatte ich den Eindruck, ich tat bei der Truppe das, was ich auch im zivilen Leben, speziell an der Universität, machte. Auf jeden Fall habe ich diesen Teil des Militärdienstes in guter Erinnerung, weil ich sah, dass die Verantwortlichen die beruflichen Kenntnisse und Fähigkeiten optimal einsetzten. Ob das auch der Fall war, als ein Major mich und Hauptmann Richard Ernst, später Nobelpreisträger für physikalische Chemie, zu Feuerlöschexperten beförderte, ist fraglich. Richard Ernst war während zehn Jahren mit mir in der gleichen Truppe eingeteilt. Unvergessen bleibt mir, wie er sich bei meinen Ethikprüfungen an der ETH als Experte und Protokollant zur Verfügung stellte.

Kapitel 12

Schweizerischer Staatsschutz

«‹Bei Ruh könnte es sich um einen Linksradikalen handeln. Ist er evtl. beim ND schon verzeichnet?›»

Wie es sich gehört, bin ich auch im Besitz einer mehrseitigen Fiche der Bundespolizei. Eine dieser Fichen beginnt wie folgt: «Informationsbericht über Ruh, Hans Gotthilf [...]. Wegen versuchter Kontaktnahme von Personen, die der Terrorszene nahestehen, damit er sich für die ‹politischen Gefangenen› in der Schweiz einsetze.» In dieser Fiche wird eine Beziehung meinerseits zur Terrorszene RAF (Rote Armee Fraktion) hergestellt. Dazu gibt es noch den folgenden missbilligenden Kommentar: «Wenn man bedenkt, dass die Kirche und ihre Vertreter durch die bei uns inhaftierten Terroristen schon mehrmals abgelehnt oder mit abschätzigen Bemerkungen bedacht wurden, ist es eine Frechheit, sich nun um Hilfe an die Kirche zu wenden. Es ist uns nicht bekannt, ob Prof. Ruh schon in irgendeiner Form auf die Briefe reagierte.» Interessant ist, dass am Schluss dieser Fiche nicht nur ich selber genannt werde, sondern auch mein Vater und meine Mutter, meine Frau und die Eltern meiner Frau und meine Kinder. Ebenfalls genannt wird ein steuerpflichtiges Einkommen von 73 200 Franken, ein Vermögen von 55 000 Franken und ein amtlicher Wert der Liegenschaft von 208 000 Franken.

Welches ist der Hintergrund dieser Fiche? Der Bürgermeister von Berlin, der frühere Pfarrer Albertz, den ich relativ gut kannte, hatte mich angefragt, ob eine Möglichkeit bestünde, dass er die in der Schweiz inhaftierten deutschen Terroristen besuchen könne, weil er sie dort über den Unsinn ihrer Handlungen aufklären wolle. Die Kontaktnahme zwischen ihm und mir war durchaus aussergewöhnlich. Während meiner Ferien in Südfrankreich hörte ich, nachdem ich ziemlich weit ins Meer hinausgeschwommen war, die Hotelière über ein Megafon rufen: «Monsieur Ruh, le Maire de Berlin est au téléphone.» Später, am 19. Oktober 1979, kam dann ein Brief von Herrn Albertz mit einer ausführlichen Beschreibung seines Anliegens. «Lieber Herr Ruh! Anliegend übersende ich Ihnen die erbetene kurze Erklärung. Ich hoffe, dass sie genügt. Sie werden ja sicher die Möglichkeit haben, falls das nötig ist, den Schweizer Behörden auch noch etwas näher zu sagen, wer ich bin. Jedenfalls bedanke ich mich ganz herzlich für Ihre und Ihrer Freunde Bemühungen. Mit freundlichen Grüssen, Ihr Albertz.» Ich versuchte dann, über befreundete Staatsrechtler an die entsprechenden Bundesstellen heranzukommen, scheiterte aber mit diesem Anliegen total. Von da an war ich einer, der Beziehungen zur Terrorszene hatte.

Eine weitere Fiche betrifft eine Wohngemeinschaft in unserem Wohnort Stuckishaus. In dieser Fiche wird aufgezählt, wer diese WG besucht hat, und einmal war es eben Ruh, Hans Gotthilf (Autonummer BE 166113): «Ruh, ist einer der bekannten Friedensapostel, kämpft gegen Waffenausfuhr. Wurde von [geschwärzt] angegangen, sich für [geschwärzt] einzusetzen.»

Die nächste Fiche lautet wie folgt: «Wie aus der beiliegenden Notiz der Kantonspolizei Bremgarten ersichtlich ist, hat Ruh Hans [...] eine Strafanzeige wegen Diebstahls eingereicht. Im vergangenen Monat soll ihm aus seinem Personenwagen eine Mappe gestohlen worden sein, die, nach seinen Angaben, Dokumentationsmaterial über die WAFFENAUSFUHR enthielt.» «Wie alle ‹modernen› Seelsorger scheint auch er der Politik nicht ganz entsagen zu können.» Am Schluss der Beilage heisst es noch: «Bei Ruh könnte es sich um einen Linksradikalen handeln. Ist er evtl. beim ND schon verzeichnet?»

Der Hintergrund dieser Geschichte ist der folgende: Es fand 1972 ein Gespräch zwischen den Spitzen der Armee und den Spitzen des Kirchenbundes statt. Unter anderem dabei war der von mir sehr geschätzte Korpskommandant Alfred Ernst. Es ging bei diesem Gespräch um die Waffenausfuhr. Zu diesem Thema hatte unser Institut für Sozialethik eine dicke Broschüre veröffentlicht, die übrigens reissenden Absatz fand. Das Ergebnis der Besprechung wurde in einem Communiqué zusammengefasst, und ich wurde beauftragt, dieses Communiqué noch am gleichen Abend bei der Depeschenagentur abzugeben. Nach dieser Besprechung ging ich noch kurz in einem Restaurant etwas essen und liess meine Mappe im Auto liegen. Als ich nach dem Essen zum Auto zurückkam, war die Mappe weg, und ich bemerkte an einer Scheibe, dass da manipuliert worden war. Ich fuhr in eine Garage und erklärte den Sachverhalt. Dort wurde mir empfohlen, sofort mit dem Wagen zu einer Polizeistation zu fahren, denn da seien Profis am Werk gewesen. Auf der Polizeistation wurde dieser Befund bestätigt, und ich wurde entlassen. Sofort rief ich Korpskommandant Ernst an und erklärte ihm, dass aus meinem Auto die Mappe gestohlen worden sei mit all meinen Dokumenten zur Waffenausfuhr und eben auch mit dem besagten Communiqué. Ich sagte ihm, wir müssten jetzt dieses Communiqué neu verfassen. Korpskommandant Ernst sagte: «Sie glauben aber nicht, dass üsi ...» Ich erwiderte: «Ich glaube gar nichts, ich weiss einfach, dass meine Mappe von Profis gestohlen worden ist.» Später bekam ich Hinweise darüber, dass der Einbruch tatsächlich durch jemanden von der Geheimarmee P26 begangen worden war.

Bei der Sicherheits- und Kriminalpolizei der Stadt Bern bin ich wie folgt verzeichnet: «Bei unserem Dienst ist Professor Dr. Hans Ruh als Gesprächsleiter des Podiumsgesprächs ‹Gibt es eine Subversion von rechts› bekannt. Die Evangelische Universitätsgemeinde hat zu diesem Anlass am 22.11.1973 Pfarrer Kurt Marti Bern und Ernst Cincera Zürich in die Aula der Universität Bern eingeladen. Im Geschäftsregister der Sikripo Bern ist er nicht belastet und Betreibungen verzeichnet er keine.»

Die Bundespolizei verfolgte mich auch während internationalen Konferenzen, zum Beispiel anlässlich der Konferenz Europäischer Kirchen in Wien 1977.

Kapitel 13

Privates

> ‹Wir sitzen immer so zufrieden zusammen, reden über Probleme, die uns gar nicht so sehr betreffen. Warum laden wir nicht jemanden ein, der wirklich Probleme hat?›

Neben den beruflichen Tätigkeiten blieb, vor allem während der Zeit in Bern, sicher nicht genügend Zeit und Kraft für Familie und Freunde, was eigentlich fast eine banale Feststellung ist. Trotzdem, gerade die Familienferien in Gunten und Adelboden, aber auch die immer wiederkehrenden Herbstferien in Italien, manchmal auch mit Freunden, waren schöne Erfahrungen. In Gunten war oft die Grossfamilie versammelt, wobei wir uns mit immer neuen Einfällen die Zeit vertrieben.

Einmal kam ich auf die Idee, als General-de-Gaulle-Imitation eine Schiffparade abzunehmen. Mein Schwager fuhr mit einem alten Motorboot an mir vorbei. Ich stand auf dem Steg, nahm Stellung an und rief: «Françaises, Français, aidez-moi!» Mein Schwager, der im Boot stehend an mir vorbeiparadierte, wurde von der Kraft de Gaulles so überwältigt, dass er einen Sprung ins Wasser tat – vergessend, dass im Boot noch eine junge italienische Nichtschwimmerin sass. Das Boot ratterte führungslos hinaus auf den See, und wir befürchteten das Schlimmste. Aber auf wundersame Weise kehrte das Boot mitten im See um und nahm Kurs auf unser Haus. Kurz bevor es in die Ufermauer prallte, sprang meine Schwägerin ins Boot, und wir waren alle erleichtert.

Auch in Adelboden gab es immer wieder aufregende oder lustige Ereignisse. Einmal half ein Hilfsheuer unserem Vermieter beim Heuen. Er hatte fünf kleine Kinder, deren Windeln seine Frau im Becken der privaten Quelle wusch. Folge: Darmprobleme meiner ganzen Familie.

Einmal erstieg ich zusammen mit dem befreundeten Ewald Weibel das auf zweitausend Metern gelegene Furggeli. Dort beobachteten wir einen Mann, der den Alpkäse zubereitete beziehungsweise behandelte.

Freund Weibel war höchst interessiert und fragte nach den biologischen und physikalischen Abläufen des Käseprozesses. «Bist du vom Fach?», fragte der Käser. «Nein.» «Was bist du denn von Beruf?» Mein Freund: «Professor der Medizin.» An mich gewandt: «Und du?» Ich: «Professor für Ethik.» Darauf der Käser: «Da sind wir drei aber ein besonderer Braintrust.» «Drei?», fragten wir. Er: «Ich war Staatsanwalt, dann im Gefängnis, jetzt suche ich beim Käsen ins Leben zurück.»

Die Wohnlage in der Siedlung Halen mit ihren rund achtzig Häusern beziehungsweise Wohnungen machte die Kontakte mit anderen Menschen und auch Freunden sehr leicht. Etwas Besonderes waren die vielen sonntäglichen Langlaufausflüge auf den Jura oder ins Goms mit meinem Nachbarn, Freund und Arzt Gin Müry. Manchmal war auch Ewald Weibel dabei. Wir fuhren jeweils mit dem Zug nach Niederwald, liefen mit den Langlaufskiern nach Oberwald und zurück – zweiundvierzig Kilometer – und erreichten jeweils knapp den gewünschten Zug nach Hause.

Intensiv waren damals die Kontakte mit unseren Freunden Theres und Kurt Lüscher, er später Professor für Soziologie an der Universität Konstanz. Meine Frau und ich gehörten auch zu einer Gruppe befreundeter Ehepaare, die sich regelmässig zum Austausch, aber auch zu ernsthaften Diskussionen über philosophische und gesellschaftliche Probleme trafen.

An einer dieser Zusammenkünfte, es war in unserem Haus in der Halensiedlung, machte ein Mitglied plötzlich einen besonderen Vorschlag: «Wir sitzen immer so zufrieden zusammen, reden über Probleme, die uns gar nicht so sehr betreffen; dabei gibt es Menschen, die stehen vor schweren Problemen. Warum laden wir nicht jemanden ein, der wirklich Probleme hat?» Nach einer kurzen Diskussion einigten wir uns auf eine Person, die wirklich Probleme haben müsse, nämlich Professor Stephan Pfürtner in Fribourg, dem wegen Äusserungen zur Sexualethik in Rom die Lehrerlaubnis entzogen wurde und der an der Universität vor der Entlassung stand. Es wurde beschlossen, Herrn Pfürtner sofort anzurufen. Ich tat dies und fragte ihn, den ich noch nie gesehen hatte, ob er Probleme habe. «Und ob!», war die Antwort. Ich erklärte nun unsere Absicht; darauf erwiderte er: «Ich komme sogleich, in etwa dreiviertel Stunden bin ich bei euch, möchte aber noch einen juristischen Kollegen, nämlich Professor Fleiner, mitnehmen.» Angekommen in der Halensiedlung, erzählte uns Pfürtner seine bedrohliche Situation. Sofort entwickelten wir eine Strategie, die zur Hauptsache drei Elemente enthielt:

1. Die Universität Fribourg verzichtet vorläufig auf die Absetzung, bis eine anderweitige Lösung gefunden ist.
2. Wir bemühen uns – schliesslich waren drei Professoren der Universität Bern in unserer Gruppe – für Stephan Pfürtner eine Professur an der Universität Bern zu erwirken.
3. Wir entwarfen ein Nationalfondsprojekt, in dessen Rahmen Pfürtner eine Arbeitsstelle bekommen sollte.

Die – nebenamtliche – Professur an der Universität Bern war bald auf einen guten Weg gebracht. Aber die Universität Fribourg wollte nicht mitspielen. Also verlangten wir – Staatsrechtler Jürg Paul Müller, der Mediziner Paul Müller und ich – eine Audienz beim freiburgischen Erziehungsdirektor, Herrn Staatsrat Aebischer. Dieser erklärte uns, eine Aufschiebung der Absetzung komme nicht in Frage. Jürg Paul Müller zog darauf das freiburgische Beamtengesetz aus der Hosentasche und sagte: «Herr Aebischer, Sie können Herrn Pfürtner nicht innerhalb einer Amtsperiode entlassen; wir sehen uns vor Bundesgericht wieder.» Dann marschierten wir drei weg. Der Erziehungsdirektor rannte uns nach und bat uns nochmals ins Büro. Das Gespräch führte zu einem Erfolg.

Gleichzeitig lief das Gesuch beim Nationalfonds, unterzeichnet von den Professoren Hermann Ringeling, Jürg Paul Müller und Paul Müller. Dieses Gesuch beziehungsweise Projekt befasste sich mit einem interdisziplinären Thema im Bereich Ethik und Wissenschaft, wurde später sogar auf einer ganzen Seite in der NZZ abgedruckt – und vom Nationalfonds abgelehnt. Wie mir ein Kollege später vertraulich versicherte, geschah dies auf Druck der römisch-katholischen Bischofskonferenz, wobei der protestantische Theologe im Forschungsrat keine rühmliche Rolle gespielt habe. Stephan Pfürtner hatte inzwischen genug gelitten und war nicht mehr in der Lage, unsere Angebote zu realisieren. Später bekam er eine Professur an der Protestantischen Fakultät der Universität Marburg.

Auf Pfürtners Anraten hin habe ich mich übrigens einmal für eine Professur in Marburg beworben. Unter anderem wollte ich meinen Marktwert in Deutschland kennenlernen, eine Annahme der Wahl hätte die Familie nicht gerne gesehen. Ich habe also in Marburg sogenannt «vorgesungen» und landete in der Berufungsliste auf Platz zwei, hinter Wolfgang Huber. Ihn kannte ich seit vielen Jahren recht gut. Er ging dann bald von Marburg nach Heidelberg, wurde Bischof von Berlin und mehrfach als Politiker und Bundespräsident gehandelt.

Kapitel 14

Staatsbesuch in den USA

"Statt Mittagessen wurde in den Strassen von Washington rückwärts gejoggt."

Anfang 1983 bekam ich eine Einladung zu einem Besuch in der US-Botschaft in Bern. Es gab ein schönes Mittagessen, und der Botschafter teilte mir mit, ich sei ausgewählt worden für eine Einladung in die USA. Es gab damals ein Programm, nach dem die USA jedes Jahr eine Person aus allen möglichen Ländern einlud für einen einmonatigen Aufenthalt in den USA. Die Idee war wohl, vielen Leuten die Vorzüge dieses Landes vor Augen zu führen. Ich sei, sagte der Botschafter, ausgewählt worden als Opinionleader der kirchlichen Landschaft in der Schweiz.

Es war dies natürlich eine einmalige Chance. Die US-Regierung bezahlte Reise und Aufenthalt, und der ausgewählte Gast konnte eine Liste einreichen von Persönlichkeiten und Institutionen, die er besuchen wollte. Mit Ausnahme des US-Präsidenten durfte man prinzipiell jedermann als Gesprächspartner vorschlagen.

Ich beschäftigte mich zu jener Zeit immer noch sehr intensiv mit Fragen der Friedensforschung und der Strategie und dazu mit Problemen der Gentechnologie. Mein heissester Wunsch war eine Begegnung mit dem amerikanischen Verteidigungsminister Caspar Weinberger und weiteren strategisch ausgerichteten Entscheidungsträgern. Damals hatte die römisch-katholische Bischofskonferenz der USA einen höchst lesenswerten Brief zu Friedensfragen publiziert; deshalb war die Bischofskonferenz auch auf meiner Wunschliste. Dazu gehörte zudem Professor Sinsheimer, ein Spezialist der Gentechnologie und Forscher an der Universität in Santa Cruz. Nur schon die Liste der Gesprächspartner, die ich alleine in Washington getroffen habe, ist bemerkenswert:

- U.S. Department of Defense: Mr. George Bader, Principal Director for European Policy, Office of the Secretary of Defense for International Security Policy
- Center for Defense Information: Mr. David Johnson, Director of Research
- National Defense University: Mr. Stanley Sloan, Senior Research Fellow
- The Heritage Foundation: Mr. Jeffrey Gaynor, Counsel for Foreign Affairs
- Center for Strategic and International Studies, Georgetown University: Mr. Paul Cole, Research Assistant
- Institute for Policy Studies: Mr. Marcus Raskin, Co-Founder and Senior Fellow
- Kennedy Institute for the Study of Human Reproduction and Bioethics: Dr. LeRoy Walters, Director, Center for Bioethics
- United States Catholic Conference: Father Bryan Hehir, S.J., Director, Office of International Justice and Peace
- Woodstock Theological Center: Father John Langan, Research Fellow
- The Church's Center for Theology and Public Policy: Dr. Alan Geyer, Executive Director
- American Federation of Labor-Congress of Industrial Organizations (AFL-CIO): Dr. Denis Chamot, Assistant Director, Department of Professional Employees
- Investor Responsibility Research Center: Mr. Ken Bertsch, Program Director
- Father Francis Winters, S.J., Professor of Ethics and International Relations, Georgetown University School of Foreign Service
- Dinner at the home of Dr. Herbert M. Howe.

Der aufregendste Moment dieser Reise war dann der Besuch im Pentagon. Schon im Vorraum wurde ich erkannt und sofort zum Büro des Verteidigungsministers geleitet. In dessen Vorraum saßen schon zwei Männer. Den einen identifizierte ich als Uwe Barschel, Ministerpräsident von Schleswig-Holstein, der zweite war ein indischer Minister. Bald kam Weinberger auf uns zu und fragte: «Wer will zuerst kommen?» Die beiden anderen Herren liessen den Minister aber wissen, sie brauchten nur einen Fototermin und wollten ihm sonst keine Zeit wegnehmen. Also wurde fotografiert, und Minister Weinberger sagte zu mir: «Nun habe ich viel Zeit für Sie.» Sofort befragte ich ihn über Grundsätze der US-Strategie, insbesondere im Zusammenhang mit den neuesten Kurzstreckenraketen. Ich erklärte ihm auch meine Vorstellungen zur Erst- und Zweitschlagkapazität, was er mit einem gewissen Interesse zur Kenntnis nahm. Dann sagte er unvermittelt: «Ich habe noch etwas Besonderes für Sie. Ein Mitarbeiter wird Ihnen unseren Raum mit der Zielplanung der Stadt Moskau zeigen.» Dieser Mitarbeiter führte mich dann in diesen Raum mit der Bemerkung, die Russen würden diese Zielplanung natürlich auch kennen. Er machte mir den Vorschlag, ich solle am anderen Morgen mit Turnschuhen um acht Uhr antreten. Es fände in einem speziellen Raum ein Strategieseminar für Regimentskommandanten statt, und ich könne durchaus daran teilnehmen. Am anderen Tag wurde ich integriert in die Schar der Obersten. Statt Mittagessen wurde in den Strassen von Washington rückwärts gejoggt.

Das Gespräch am Sitz der römisch-katholischen Bischofskonferenz war der zweite Höhepunkt in Washington. Hier waren wir uns rasch einig über die richtige militärische Strategie, die allerdings im Gegensatz zur offiziellen Doktrin der USA stand. Es folgt ein Auszug aus dem berühmt gewordenen Brief der katholischen Bischofskonferenz über Krieg und Frieden von 1983:

> Wenn nukleare Abschreckung nur den Einsatz von Kernwaffen durch andere verhindern soll, dann sind alle Vorhaben, darüber hinauszugehen und wiederholte atomare Schläge und Gegenschläge über einen längeren Zeitraum zu planen oder die Oberhand («Prevailing») in einem Nuklearkrieg zu gewinnen, nicht akzeptabel. Sie ermutigen zu der Vorstellung, dass man mit tragbaren menschlichen und moralischen Konsequenzen einen Nuklearkrieg führen könne. Stattdessen müssen wir immer wieder «Nein» zur Vorstellung eines Atomkrieges sagen.

Ein weiterer Höhepunkt war mein Besuch bei Professor Hans Jonas im Institute of Society Ethics and the Life Sciences Hudson Institute. Sein Buch «Das Prinzip Verantwortung» (1979) hatte ich in mehreren Lehrveranstaltungen behandelt, und die Gedanken von Jonas haben mich im Blick auf meine ökologischen Studien ausserordentlich stark beeinflusst.

Kapitel 15

Universität

> ‹Wenn ich aber gewusst hätte, dass du so en glatte Siech bisch, hätte ich für dich gestimmt.›

Bereits im Umfeld von Karl Barth, das heisst im Kontakt mit seinen Schülern Professor Max Geiger und Professor Heinrich Ott, war eine akademische Karriere meinerseits ein Thema. Insbesondere Max Geiger, Professor für Kirchengeschichte und politisch sehr engagiert, liess durchblicken, dass für mich an der Universität Basel bald eine Professur möglich sein könnte. 1968 gab es dann einen konkreten Plan: Professor Milic Lochman, ein alter Freund aus der Prager Friedenskonferenzzeit, sollte für zwei Jahre an der Theologischen Fakultät der Universität Basel lehren, ich sollte für zwei Jahre seine Stelle in Prag besetzen und dann, nach seiner Rückkehr, seinen Platz an der Universität Basel einnehmen. Ich hatte bereits offiziöse Zusagen aus dem entsprechenden Ministerium in Prag und befasste mich innerlich mit diesem möglichen Wechsel. Er war auch Thema in der Familie. So fragte mich mein Schwiegervater: «Was machst du, wenn plötzlich die Russen in deinem Garten stehen?» Ich hatte für diesen Einwand nur ein müdes Lächeln übrig, denn ich war überzeugt, dass sich der Reformkommunismus unter Dubček, damals «Kommunismus mit menschlichem Antlitz» genannt, auf Dauer durchsetzen würde. Diese Perspektive wurde jedoch jäh zu Makulatur, als am 21. August 1968 die Sowjetarmee tatsächlich in Prag einmarschierte. Die Folgen für mich: Keine Professur in Prag, und Professor Lochman blieb bis zu seiner Emeritierung in Basel. Aus der Traum! 1971 wurde ich dann, wie bereits erwähnt, als ausserordentlicher (a.o.) Professor an die Evangelisch-theologische Fakultät der Universität Bern gewählt.

Ich hatte stets grosse Freude am Kontakt mit den Studierenden und wäre bald gerne vollamtlicher Professor an der Uni geworden. Die mögliche Professur in Bern wurde dann aber von meinem späteren guten Kollegen Hermann Ringeling besetzt, auch wieder ein kleiner Tiefschlag. Ich war damit so etwas wie der Juniorpartner von Ringeling, mit dem ich allerdings sehr gut zusammenarbeitete.

Privatdozent beziehungsweise Jungprofessor zu sein, war in der Zeit nach den Unruhen von 1968 und der folgenden Jahre eine schwierige Position. Ich fühlte mich in einer Sandwich-Lage zwischen den Professoren und den Studierenden. Gefühlsmässig war ich auf der Seite der Studierenden, ich verlangte aber in jeder Phase die Ausrichtung auf vernünftige Argumente. Dies wiederum hatte zur Folge, dass die Studierenden mich nicht vollständig als zu ihnen gehörig betrachteten.

Die folgende Episode beschreibt bestens meine Lage: Die Universität Bern hatte einen Korpskommandanten als Referenten eingeladen, ein Feindbild für viele damalige Studierende. So füllte sich denn die Aula mit protestierenden und über Megafon schreienden Studenten, bevor der Anlass überhaupt begann. In vorderster Reihe sass ein grosser Teil der Armeespitze, und es war grotesk zu sehen, wie die schreienden Studenten über die lässig ausgestreckten Beine der uniformierten Generäle hüpften. Der Vortrag konnte wegen des Lärms nicht beginnen und der Rektor, ein unscheinbares Männlein, schrieb mit Kreide an die Wandtafel: Ruhe bitte. Er hatte natürlich keinen Erfolg, und die Veranstaltung musste abgebrochen werden. Noch bevor es so weit kam, hatte ich mir bekannten Studenten zugerufen, sie sollten das Referat des Korpskommandanten sich doch anhören und dann hart kritisieren. Schon vor der Veranstaltung hatte ich die Studierenden vor Ausschreitungen gewarnt. Diese würden sich angesichts der Machtverhältnisse zum Beispiel auf die Stipendienpolitik auswirken. Es waren vergebliche Warnungen.

Nach Auflösung der Versammlung, mitten in einem tumultuarischen Getümmel in den Universitätsgängen, kamen Korpskommandant Ernst und die Chefin des Frauenhilfsdienstes auf mich zu und Ernst sagte: «Das sind Ihre Studenten!» Die Dame pflichtete nachdrücklich bei. Da bekam ich einen gewaltigen Wutanfall, ein für mich seltenes Ereignis, und ich beschimpfte die Chefin des FHD ziemlich unflätig. Ich schäme mich bis heute, und zwar deshalb, weil ich meine Wut nur an der Frau ausgelassen habe.

Trotz alledem lehrte ich mit viel Engagement und Freude und versammelte stets eine ansprechende Schar von Studentinnen und Studenten in meinen Vorlesungen. Themen waren, neben der ethischen Theoriebildung, damals auch die analytische Ethik, Friedensforschung, Dritte Welt, Umwelt, Energie und Lebensstil. An der Sekundarlehrerabteilung unterrichtete ich, gemeinsam mit Kollege Wegenast, Methoden der Ethikerziehung.

Bald wurde die Professur für Sozialethik an der Universität Zürich ein Thema. Dort wurde für das Jahr 1978 der Lehrstuhl für Sozialethik, den der renommierte Arthur Rich innehatte, frei. Ich machte mir Hoffnungen für die Nachfolge. Mit Rich hatte ich ein sehr gutes Verhältnis. Ich hatte ihn schon während der Kantonsschulzeit in Schaffhausen im Fach Religion als Lehrer kennengelernt.

In einem Brief vom 23. Dezember 1974 schrieb er mir unter anderem Folgendes: «Bei dieser Gelegenheit möchte ich Dir für das nächste Jahr alles Liebe und Gute wünschen, vor allem, dass Dir Deine erstaunliche Schaffenskraft erhalten bleibe und Du weiterhin für die Sache der Sozialethik in so vorbildlicher Weise wirken kannst. Ich selber hege für Dich geheime Wünsche, von denen ich hoffe, dass sie in Erfüllung gehen mögen.»

Ich durfte mir also mittelfristig durchaus Hoffnungen machen für die Nachfolge. Aber es kam anders. Als 1978 die Auseinandersetzungen über diese Nachfolge losgingen und die Theologische Fakultät mich durchaus in Betracht zog, ging eine Kampagne gegen meine Person los. Höhepunkt war der im Abschnitt «Arbeit im Institut für Sozialethik» (Seite 80) genannte Artikel in der NZZ.

Auch in der Theologischen Fakultät war ich nicht unumstritten. An der Hochzeitsfeier meiner Schwester Elisabeth – sie heiratete den renommierten Philosophen und Theologen Gonsalv K. Mainberger – sass ich Professor Walter Bernet, einem Mitglied der Theologischen Fakultät gegenüber. Gegen Ende des Festes und wahrscheinlich auch unter dem Einfluss des guten Weins sagte er mir: «Ich war auch gegen dich als Professor. Wenn ich aber gewusst hätte, dass du so en glatte

Siech bisch, hätte ich für dich gestimmt.» So viel zur Rationalität von Professorenwahlen.

Es gab jedoch auch andere Gruppierungen, welche meine Wahl verhindern wollten, unter anderem unterstützt von Pfarrer Dr. Vogelsanger. Ich muss annehmen, dass meine Fichen in diesem Zusammenhang ebenfalls eine Rolle spielten. Auf jeden Fall sagte mir Regierungsrat Hans Küenzi aus Zürich einmal bei einem Apéro, als ich mich vorstellte: «Ruh? Oh, wir haben damals im Regierungsrat lange über Sie diskutiert.»

All diese Kampagnen führten dazu, dass ich aufgrund meiner politischen Einstellung nicht gewählt wurde und der deutsche Professor Theodor Strohm, später ein guter Freund von mir, die Stelle antrat. Es gab zwar auch Proteste von Gruppierungen, die für mich einstanden. So hörte ich, dass eine Delegation des Regimentsstabs, bei dem ich als Feldprediger eingeteilt war, das Gespräch mit dem zuständigen Bildungsdirektor, Regierungsrat Alfred Gilgen, gesucht habe, dass aber Herr Gilgen ihr Ansinnen abgelehnt habe mit der Begründung, er lasse sich nicht durch die Armee unter Druck setzen!

Im Ganzen darf ich mich mit Recht als zeitweiliges Opfer der Fichenaffäre bezeichnen. Mit der Wahl von Professor Strohm an die Universität Heidelberg wurde die Stelle in Zürich jedoch 1983 wieder frei, und ich bekam eine neue Chance. Die Theologische Fakultät setzte mich auf Platz eins der Vorschlagsliste. Kurz vor der Wahl durch den Regierungsrat bekam ich einen Telefonanruf der Mitarbeiterin von Regierungsrat Gilgen: Es gäbe die Meinung, ich sei links. Wie ich mich dazu stelle? Ich sagte, dass meine Einstellung aus den Schriften, die ich an die Fakultät eingereicht hätte, hervorgehe. Nicht ohne eine gewisse Schlitzohrigkeit zitierte ich dann eine Stelle aus der Broschüre des Gesprächskreises Kirche-Wirtschaft, wobei wohl Namen wie Philippe de Weck und Louis von Planta das Linksgespenst zu verscheuchen halfen.

Nach der Wahl zum Professor für Systematische Theologie mit Schwerpunkt Sozialethik bekam ich eine Einladung von Dr. Ernst Bieri. Er war Redaktor bei der NZZ gewesen, studierter Theologe, Mitglied der FDP, dann Stadtrat von Zürich und Teilhaber von Julius Bär und zeitweise Bundesratskandidat. Er hatte sich früher ebenfalls kritisch in der NZZ über mich geäussert. Bei einem gepflegten Mittagessen im Goethestübli des Restaurants Kaiser's Reblaube sagte er, er wolle mich über einige Hintergründe meiner Wahl informieren. So sei er mit Fredy (Regierungsrat Gilgen) im Verwaltungsrat des Kunsthauses. In einer Sitzungspause habe er zu Fredy gesagt: «Die Freisinnige Partei hat nichts mehr gegen Ruh.» Auf meine erstaunte Frage, was denn die Freisinnige Partei mit meinem Lehrstuhl zu tun habe, klärte er mich auf: «Ja, dieser Lehrstuhl ist ein Politikum in einer Stadt wie dem Bankenplatz Zürich.»

Die Etikette «links» als Karriereverhinderin erlebte ich übrigens auch andernorts: In den Sechzigerjahren hatte der damalige Präsident des IKRK die Idee, mich in das Komitee des IKRK wählen zu lassen. Zu diesem Zweck wurde ich zu einem Hearing nach Genf eingeladen und dabei nach meinen Tätigkeiten befragt. Später erhielt ich den Bescheid, ich sei für das Komitee nicht wählbar wegen meiner Kontakte zu einer gewalttätigen Organisation. Damit war der Ökumenische Rat der Kirchen gemeint, dem in Form über Nachrede bescheinigt wurde, er finanziere Waffenlieferungen an die politische Opposition in Südafrika. Wie ich auch erfuhr, war dies die Meinung einer Sperrminorität im entsprechenden Gremium des IKRK, die vor allem aus Vertretern der Genfer Banken bestand.

Im Nachhinein war ich dankbar für diesen Entscheid, weil ich mir klar machte, dass ich für den Einsatz als Delegierter des IKRK kaum geeignet gewesen wäre.

Im Übrigen war ich schon vor meiner Wahl zum Professor in Zürich tätig. Seit 1978 hatte ich einen zweistündigen Lehrauftrag für Ethik an der ETH. In der ersten Vorlesung sassen fünf Leute, mein Vater (bald schlafend) und meine Mutter, daneben drei Studierende. Die späteren Hörerzahlen waren ansprechend, und ich hatte sehr grosse Freude an dieser Aufgabe.

Ebenfalls mit Begeisterung führte ich die Vorlesungen und Seminare durch. Wieder war es vor allem der intensive Kontakt mit jungen Menschen, den ich liebte. Sehr bald «erfand» ich eine zusätzliche Lehrform: Ich bot jeweils nach dem Wintersemester eine interdisziplinäre Seminarwoche im Engadin an. Die Formel hiess: Eine Woche – ein Buch. Unter Buch verstand ich ein Werk, das man eigentlich gelesen haben sollte, das man aber kaum allein bewältigen konnte. Beispiele dafür sind Adam Smith' «Theorie der ethischen Gefühle», Hans Jonas «Das Prinzip Verantwortung», «Dialektik der Aufklärung» von Adorno und Horkheimer, Nietzsches «Antichrist». Zwanzig bis fünfundzwanzig Studierende kamen jeweils im Jugendhaus La Chapella in Cinuos-chel zusammen.

Der Morgen galt der Individuallektüre, der Nachmittag der Gruppenlektüre, der Abend dem Plenum. Wir lebten, kochten und assen zusammen schon ab 1983 vegetarisch und ohne Zigarettenrauch, wobei sich ab und zu eine grosse Salami in den Eisschrank schlich. Manchmal führte ich das Seminar gleich doppelt durch, einige Male auch auf zwei Wochen ausgedehnt. Unvergesslich sind interdisziplinäre Seminare zum Beispiel mit dem Affenforscher Hans Kummer von der Universität Zürich oder mit Geron Wolters von der Universität Konstanz. Eine grosse Hilfe war die langjährige Unterstützung dieses Seminars durch Markus Huppenbauer.

Das sportliche Nebenprogramm bestand im Langlauf. Der Beginn der Seminarwoche war stets der Samstag vor dem Engadiner Marathon. Die Erinnerungen an manchen Marathon, zusammen mit den Studierenden, die entweder mitliefen oder doch anfeuernd an der Schlusskurve standen, sind wunderbar. Eine Episode ist mir speziell geblieben: Weil in der Regel bis zu zwölftausend Leute antraten, gab es vor dem Start lange Menschenschlangen vor den Toiletten. Ich hatte mich wieder einmal mühsam nach vorne gearbeitet, wobei die Parole galt: Pro Person eine Minute Zeit auf der Toilette. Plötzlich kam eine Marathonteilnehmerin, die mich kannte, an uns vorbei und rief erfreut: «Herr Professor, das ist aber schön, dass Sie auch am Marathon teilnehmen.» Darauf klopfte mir ein Mann auf die Schulter und sagte: «Du, Professoren dürfen zwei Minuten.» Man lerne: eine Professur ist eine Minute auf der Toilette wert.

Grossartige Begegnungen gab es beim Warten am Start allemal. Einmal, am 9. März 1997, stand ich über längere Zeit neben dem Stararchitekten Norman Foster, den ich plötzlich erkannte und ansprach. Leider war er dann, obwohl nur zwei Jahre jünger, schneller als ich. Meine Zeit betrug 2 Stunden, 42 Minuten und 48,1 Sekunden, die seinige 2 Stunden, 41 Minuten und 48,7 Sekunden.

Besonders schön waren jeweils die Tage vor dem Marathon, an denen ich oft mit Freunden die letzten Trainingseinheiten absolvierte. Einmal spürte ich während eines solchen Trainings ein Stechen in der Herzgegend. Ich teilte dies meinen Begleitern, zwei Medizinprofessoren und meinem Hausarzt, mit. Man beschloss, diesen Schmerz im Spital Samedan untersuchen zu lassen. Telefonisch meldete einer der Medizinprofessoren unsere baldige Ankunft im Spital an. Noch fühlte ich mich gut, und wir kamen auf den Skiern im Spital an. Vor dem Spitaleingang hatte sich zu unserem Empfang eine ansehnliche Schar von Ärzten und Krankenschwestern versammelt, vermuteten sie doch die Ankunft eines besonderen VIPs, war doch der eine Medizinprofessor auch Präsident des Nationalfonds. Sofort kommandierten mich die Schwestern in eine Tragbahre, mit der ich in die Intensivstation gebracht wurde. Plötzlich fühlte ich mich schwer krank. Sofort wurde ein EKG erstellt, bei dessen Prüfung die mich begleitenden Mediziner nur die Köpfe schüttelten. Man beschloss, dass ich über die Nacht in der Intensivabteilung bleiben solle. Diese bestand aus Bettenabteilungen, die durch eine Art Zeltwände getrennt waren. Mitten in der Nacht begann mein Nachbar zu röcheln. Daraufhin kam seine Frau und die zwei verabschiedeten sich für immer. Dann wurde es ruhig. Am Morgen wurde ich geweckt durch laute Töne aus dem Nebenraum: Der soeben in den Tod Verabschiedete verlangte ultimativ ein Frühstück.

Ab und zu organisierte ich auswärts Blockseminare von ein bis zwei Tagen. Eines davon veranstalteten wir, das heisst Kollegen aus dem IT-Bereich und ich, gemeinsam in einem Bildungshaus in Einsiedeln. Geplant waren drei Tage intensiver Arbeit. Das Thema: Ethik und Informatik. Die Informatikkollegen hatten ganz illustre Gäste in dieses Seminar geladen: Joseph Weizenbaum und Heinz von Foerster. In atemloser Stille lauschten die Studierenden, etwa siebzig an der Zahl, den beiden Koryphäen aus der Frühzeit der Informatik und der Kybernetik sowie Systemtheorie, nicht zuletzt wegen deren Visionen und kritischen Perspektiven bei der weiteren Entwicklung der Informatikwissenschaft. Das Seminar entwickelte sich mehr und mehr zu einem autopoietischen Diskussionsforum mit wilden theoretischen Ansätzen. Diese Letzteren entsetzten einige Assistenten und Studierende so sehr, dass sie wutentbrannt die Stätte der Autopoiese verliessen.

Weizenbaum äusserte mir gegenüber den Wunsch, das Kloster Einsiedeln besichtigen zu können. Ich fragte dort diesbezüglich an, und man gab sich absolut fachmännisch: Wir sollten vom Pater Informaticus empfangen werden. Als ich dann mit Weizenbaum an der Klosterpforte auftauchte und dem Pater eröffnete, wer da vor ihm stünde, fiel der fast in Ohnmacht vor Hochachtung vor Weizenbaum.

Obwohl das Seminar an Chaos nicht zu übertreffen war, bildete sich doch eine Fortsetzungsgruppe, welche über Jahre Lehrveranstaltungen organisierte. Unglaublich aber wahr: Der im Anschluss an das Seminar vor über dreissig Jahren begründete Arbeitskreis tritt in immer neuer Zusammensetzung und mit immer neuen wilden Themen jeden Monat in einem Hörsaal der Universität Zürich zusammen.

Nun zurück zur Universität. Ich hatte für meine Tätigkeit relativ klare Zielvorstellungen. Ich wollte die theologische Ethik am interdisziplinären Dialog beteiligen, die Ethik in der Gesamtuniversität institutionell besser verankern und ihre öffentliche Wahrnehmung verstärken. Diese Zielsetzungen waren nicht unbedingt jene der Mehrheit meiner Fakultätsmitglieder, und so kam ich mir zeitweise als Aussenseiter vor, obwohl in der Fakultät ein freundschaftliches Klima herrschte. Ich konzentrierte mich auf Themenfelder wie theologische Ethik, Ökologie, Gentechnologie, Arbeit, Energie und Ökonomie.

Als eine gewisse Schwäche beurteile ich meine Förderung des Nachwuchses. Es ging relativ lange, bis ich realisierte, dass Dissertanden ganz anders zu betreuen sind, als ich dies bei meinem Lehrer Karl Barth erfahren habe. Mich auf jeden Fall liess er damals lange allein vor sich hin werkeln, las mit mir nach längerer Zeit einmal eine Seite durch und empfahl mir, sechs Wochen Goethe zu lesen. Wieder lange Zeit später gab er mir nach kurzem Einblick in meinen Dissertationsentwurf den Rat, ein halbes Jahr Schleiermacher zu lesen! Für einen mittellosen jungen Mann mit Frau und Kind waren das jeweils schwer verdauliche Ratschläge.

Ich habe zu spät gemerkt, dass man den akademischen Nachwuchs anders betreuen und fördern muss. Trotzdem bin ich durchaus stolz auf meinen akademischen Nachwuchs.

Grosse Freude bereiteten mir die interdisziplinären Lehrveranstaltungen mit Kollegen innerhalb und ausserhalb meiner Fakultät – mit den Professoren Hans Kummer (Zoologie), Charles Weissmann (Biologie), Helmut Holzhey (Philosophie), Armin Reller (Chemie), Markus Huppenbauer (Wirtschaftsethik), Geron Wolters (Philosophie) und vielen anderen. Besonders gefreut hat mich meine Lehrveranstaltung an der ETH über Ethik und Umwelt, nachdem ich mich auch an der Entwicklung des Studienganges «Umweltnaturwissenschaften» engagiert hatte. Zudem gelang es, Ethik bei einigen Fächern als Nebenfach einzurichten.

Mein besonderes Anliegen aber war die Gründung des Ethik-Zentrums der Universität, die ich gemeinsam mit Professor Holzhey massgeblich mitgestalten konnte. Eine meiner Zielvorstellungen war: Die Theologie beziehungsweise deren Ethik sollten sich auch ausserhalb der Theologischen Fakultät in der Universität institutionell verankern. So zog ich 1991 mit dem Institut für Sozialethik aus der Kirchgasse, dem Sitz der Theologischen Fakultät, aus und bildete gemeinsam vorläufig mit den Philosophen das Ethik-Zentrum. Dieser Auszug ging nicht ohne Schwierigkeiten vor sich. Der renommierte emeritierte Professor Gerhard Ebeling, ein Fachmann für Dogmatik, liess mich zu sich kommen und erklärte mir, ich würde die Einheit der Theologie durch mein Ausbrechen zerstören und damit der Theologie schweren Schaden zufügen. Immerhin gab es trotzdem den Segen der Fakultät, vor allem aber der Universitätsleitung.

Es war ein besonderer Glücksfall, dass damals die vom früheren Nestlé-Präsidenten Abegg der Uni geschenkte Villa an der Zollikerstrasse als mögliches Gebäude für das Ethik-Zentrum zur Verfügung stand. Allerdings gab es auch Ambitionen von anderen Instituten. Da eine teure Renovation notwendig war, befasste sich damit eine Kommission des Kantonsrates. Ich erinnere mich, dass ich von dem ebenfalls anwesenden Regierungsrat Gilgen an eine Sitzung dieser Kommission geladen wurde, dabei ging es auch um die Frage, welches Institut in die Villa einziehen sollte. Mein erstes Argument war: Theologen und Philosophen brauchen viel weniger elektrische und elektronische Installationen, was für die Denkmalpflege von Bedeutung sein könnte. Nach meinem Gefühl gab aber dann Regierungsrat Gilgen den Ausschlag, indem er der Kommission mitteilte, ich würde an diesem Abend einen hochdotierten Umweltpreis in Liechtenstein aus der Hand des Fürsten entgegennehmen. Hier noch ein Blick auf die Laudatio von Mario F. Broggi anlässlich der Preisverleihung:

> Hans Ruh hat sich als Verfasser zahlreicher Publikationen zu wirtschaftlichen, sozialen, technischen, politischen und Drittweltfragen sowie Problemen der Friedenssicherung einen Namen gemacht. In den letzten zehn Jahren fallen in seiner Literaturliste zunehmend Titel zu den Bereichen Energie, Tierschutz, Naturschutz, Verkehr, Raumplanung, Bodennutzung auf. Nach Meinung des Kuratoriums gelingt es Hans Ruh überzeugend, ethische Werthaltungen in die Debatte einzubringen. Im Kreise der Naturschützer findet sein Beitrag für das Vorprojekt des Naturschutz-Konzeptes des Kantons Zürich Beachtung und liefert dem Naturschutz-Alltag seither wichtige Argumente. Er versteht es, Thesen und Argumente griffig zu formulieren und Inhalte und Zusammenhänge auf das Ziel auszurichten. Seine Studie «Ethik und Boden» sticht aus den rund 70 Arbeiten im Rahmen des nationalen Forschungsprogramms «Boden» hervor. In seinen 23 Thesen über den Umgang des Menschen mit dem Boden spricht er von Interesse geleiteter Anarchie, also das Gegenteil von einem haushälterischen Umgang mit dem Boden.

(Broggi, 1991, S. 14)

Wie ich nachher erfahren habe, gab es im Kuratorium eine heftige Auseinandersetzung über die Linkslastigkeit meiner Person, also das Übliche in der damaligen Zeit.

Die Eröffnung des Ethik-Zentrums, an dem zunächst das Institut für Sozialethik und Lehrstühle für Philosophie zusammenarbeiten sollten, wurde zu einem besonderen Anlass. Ich hatte als Referenten Carl Friedrich von Weizsäcker angefragt und zu meiner Überraschung eine positive Antwort bekommen. Ich kannte Herrn von Weizsäcker von der Arbeit in kirchlichen Gremien her, vor allem im Rahmen der Konferenz Europäischer Kirchen (KEK). Einmal waren wir eine ganze Woche in einem Seminar zusammen, nämlich in einem Kloster in El Escorial nördlich von Madrid. Dort ist es vor allem um Strategiefragen gegangen.

Ich holte also Herrn von Weizsäcker mit meinem klapprigen Opel am Bahnhof Zürich ab und brachte ihn zunächst auf das Gut seiner Verwandtschaft in Feldmeilen: Seine Frau war eine geborene Wille aus der Generalsfamilie. Es versteht sich, dass er mit seiner Präsenz dem Anlass einen besonderen Akzent verlieh.

Eine kleine Trübung brachte dann das Prozedere der Honorierung für den Vortrag. Ich bot dem Referenten in meiner Naivität nach dem Usus der Universität Zürich ein Honorar von dreihundert Franken an. Zu meiner Überraschung gab mir aber der Referent zu verstehen, dass er damit nicht einverstanden sei, da er grössere finanzielle Verpflichtungen habe. Für mich war es ein Schock zu erfahren, dass auch Menschen auf diesem Niveau solche Probleme haben. Die Universitätsleitung half mir dann übrigens aus der Patsche.

Das andere Thema, in dem ich Entscheidendes von von Weizsäcker gelernt habe, war das Verhältnis von Ethik und Wissenschaft, das mich über Jahre beschäftigte:

> Die Wissenschaft, gerade auch die Naturwissenschaft, ist erst dann erwachsen, wenn sie ihre Verantwortung im Zusammenhang von Erkennen und Weltveränderung wahrnimmt oder, in unserer Terminologie ausgedrückt, wenn sie die Sinnfrage in die Erkenntnisfrage einbezieht. Deshalb gehört es zur Verantwortung gerade des Naturwissenschaftlers, dass er den Zusammenhang zwischen Erkenntnis und Naturveränderung thematisiert.

(Ruh, 1983b, S. 118f.)

Mit dem Umzug nach Zürich taten wir uns anfangs schwer; ohne Druck von oben wären wir wohl in der Halensiedlung geblieben. Aber damals galt noch: Ein Professor der Universität Zürich muss innerhalb Jahresfrist seinen Wohnsitz in den Kanton Zürich verlegen. Dies tat mir der Erziehungsdirektor Gilgen deutlich kund. So entstand, mit Unterstützung der ästhetischen Kompetenz von Vreni, 1986 unser Haus in Pfaffhausen. Vreni unterrichtete als ausgebildete Violonistin junge Menschen. Sie spielte aber auch in Orchestern mit. Dankbar denke ich daran, dass sie mir über Jahre den Rücken freigehalten hat für meine beruflichen Tätigkeiten.

Schon bald nach unserer Umsiedlung nach Zürich entwickelte sich ein Freundeskreis, bestehend aus lauter Absolventen und Absolventinnen der Kantonsschule Schaffhausen mit Wohnsitz in oder um Zürich, der sogenannte Salon. Wieder waren Kollegen und Freunde von der Universität dabei: Christian Sauter und Heinz Lippuner, natürlich zusammen mit ihren Gattinnen, die ebenfalls die Kantonsschule besucht hatten. Der Salon existiert nun seit etwa dreissig Jahren. In regelmässigen Abständen diskutieren wir leichtere und schwierigere Literatur, oft unter der gestrengen Leitung unseres Fachmanns Heinz Lippuner.

Anfang der Neunzigerjahre teilte ich Vreni meine Beziehung zu Kathrin mit. Es folgten schwierige Jahre für alle Beteiligten, vor allem auch deshalb, weil ich unfähig war, eine Entscheidung zu treffen.

Nun aber noch zu einigen Themen, die mich in meinen Seminaren und Vorlesungen, aber auch publizistisch beschäftigten. Ich startete gleich im ersten Semester 1983 mit einem Seminar zum Thema Arbeit. Die Arbeitslosigkeit war zu jener Zeit wieder aktuell, auch in der Schweiz. Aus der immer wiederkehrenden Beschäftigung mit diesem Thema resultierte dann mein sogenanntes neues Arbeitsmodell, das darauf in vielen Artikeln erwähnt und öffentlich diskutiert wurde und das zeitweilig zu einem Markenzeichen für mich wurde:

1. Wir brauchen eine neue Aufteilung, Zielsetzung und Fokussierung der menschlichen Tätigkeitszeit. Der Dualismus Freizeit–Arbeitszeit muss durch ein differenziertes Modell ersetzt werden: Freizeit, monetarisierte Arbeit, Eigenarbeit, obligatorische Sozialzeit, informelle Sozialzeit, Ich-Zeit, Reproduktionszeit.
2. Wir brauchen eine teilweise Entkoppelung von Arbeit und Lohn. Wir brauchen eine Grundsicherung für alle, unabhängig von der Arbeit.
3. Wir brauchen neue Anreize oder vielmehr Motivationen für sozial und ökologisch bedeutsame Leistungen. Unter anderem lässt sich ein solches Ziel nur über einen umfangreichen obligatorischen Sozialdienst, der von allen geleistet wird, erreichen.
4. Wir müssen uns immer mehr und konsequenter auf eine an der Nachhaltigkeit orientierten Lebens- und Produktionsweise ausrichten, die letztlich nur eine bionische Produktionsweise sein kann.
5. Wir müssen – vor allem zur Überwindung des Widerspruchs zwischen der Logik der Unternehmen und der Logik der Gesamtwirtschaft bzw. der Gesellschaft – neue Koalitionen in der Wirtschaft finden und uns mit neuen Partnerschaften auf regionale Ziele ausrichten.

(Ruh, 1996, S. 27f.)

Ich habe später dann Teile dieses Modells weiterentwickelt, so die Idee des obligatorischen Sozialdienstes, die ich einmal vor der Geschäftsprüfungskommission des Nationalrats vertreten konnte. Zeitweilig sah es so aus, als ob sich diese Idee politisch durchsetzen könnte, was aber dann nicht geschah. Später wurde die Idee auch von Gremien wie Avenir Suisse u.a. aufgenommen.

Eine zweite Idee, das arbeitsunabhängige Grundeinkommen, vertiefte ich in vielen Artikeln und Vorträgen, zuletzt dann im Zusammenhang mit der Volksabstimmung über diese Thematik im Jahr 2016. Ich veröffentlichte in jenem Jahr mein Konzept unter dem Titel «Bedingungsloses Grundeinkommen: Anstiftung zu einer neuen Lebensform». (Ruh, 2016a)

Eine gewisse Zeitlang wurde ich nicht nur identifiziert, sondern fast reduziert auf das Thema Arbeit. Bald rückten aber andere Themen in den Vordergrund, vor allem der Komplex Umwelt–Ökologie–Naturschutz. Der Auftakt zu dieser Thematik war wiederum ein Seminar an der Universität mit dem Titel «Ist Naturschutz ökologisch oder ethisch zu begründen?». Ich führte dieses Seminar gemeinsam mit den Professoren Hans Kummer, Bernhard Nievergelt und Dennis C. Turner durch. Es war wiederum ein spannendes und höchst innovatives Seminar, nicht verwunderlich, wenn man an die Geisteskraft von Hans Kummer denkt. In verschiedenen Arbeitsgruppen wurde sehr intensiv diskutiert, mit Erfolg, wie eine Reihe von Erkenntnissen und Thesen bezeugt. Eine Gesamtübersicht über dieses Seminar findet sich in einer 1991 veröffentlichten Broschüre unter dem Titel «Ist Naturschutz ökologisch oder ethisch zu begründen?». Dass in diesem Seminar gründlich gearbeitet wurde, zeigen schon die Titel der Arbeitsgruppen. Hier eine Auswahl:

- Soll der Mensch aus ethischer oder ökologisch-biologischer Sicht überleben?
- Was bedeutet die Beantwortung dieser Frage für den Naturschutz?
- Welche Szenarien sind für ein menschenwürdiges Überleben möglich?
- Gibt es ein Eigenrecht der Natur?

Ich denke, dass es damals gelungen ist, ein paar Grundfragen der Ökologie und des Naturschutzes zu klären und damit die Diskussion in verschiedenen Sparten der Universität zu befruchten. Auf jeden Fall tauchen Gedanken dieses Seminars immer wieder in Veröffentlichungen auf:

Sechs Grundrechte aller Lebewesen:
1. Alle heutigen und zukünftigen Menschen haben das gleiche Recht auf Leben.
2. Jedes Lebewesen hat das gleiche Recht auf Leben.
3. Jedes Lebewesen hat das Recht, so viele erneuerbare Ressourcen wie nötig zu brauchen, um sein eigenes Leben zu erhalten (sofern sie vorhanden sind).
4. Jedes Lebewesen hat prinzipiell das gleiche Recht, sich fortzupflanzen.
5. Ein Lebewesen hat ein Recht, ein anderes Lebewesen zu töten, wenn immer dies nötig ist um sein eigenes Leben, oder dasjenige seiner Nachkommen aufrechtzuerhalten (d.h. weiterleben zu können).
6. Jedes Lebewesen hat das Recht, sich selbst und/oder seine Nachkommen zu verteidigen.
(Nievergelt, 1991, S. 38).

Aus der Ökologie abgeleitete Wertsetzungen bzw. Normen:
1. Grossflächige, naturnahe Lebensgemeinschaften sind wertvoller als kleine.
2. Kritische Lebensraumgrössen liegen dort, wo das Minimumareal für eine Schlüsselart erreicht ist.
3. Traditionelle Nutzungsmethoden und Siedlungsformen haben Eigenwert.
4. Nutzungsintensivierungen sollen, wenn überhaupt, nur allmählich und nicht flächendeckend erfolgen.
5. Siedlungsräume und wirtschaftlich intensiv genutzte Flächen sollen in einem vielfältigen Muster mit naturnahen Gebieten abwechseln. Allgemein gültige Belastungsgrenzen, die zu einem gleichmässigen und mittleren Nutzungsmuster führen, vermindern die Diversität und sind zu vermeiden.
6. Naturnahe Areale sind miteinander zu vernetzen.
7. Die minimale lebensfähige Population der grössten und raumbedürftigsten in einer Lebensgemeinschaft lebenden Art soll die zu bewahrende Lebensraumgrösse bestimmen.
8. Vor allem bei komplizierten, allmählich entstandenen Lebensgemeinschaften wie Wäldern, sollen verschiedene Sukzessionsstadien nebeneinander vertreten sein.
9. Aus der Sicht der Bewahrung genetischer Vielfalt und coevoluierter Systeme sind grosse, natürliche, diverse und für eine Region charakteristische Lebensgemeinschaften mit seltenen und fragilen Arten hoch zu bewerten.
10. Landwirtschaftliche Nutzungsformen müssen auf natürliche Prozesse wie natürliche Bodenbildung und Stoffkreisläufe abgestimmt sein.
11. Nutzungsänderungen bedingt durch neue technische Möglichkeiten sind durch kleinflächige Versuche auf Nebeneffekte wie zum Beispiel Auswirkungen auf Begleitflora und -fauna zu prüfen. Kosten-Nutzenanalysen genügen nicht.
12. Die natürlichen und für den genetischen Austausch unerlässlichen Kommunikationssysteme von Pflanzen und Tieren dürften nicht unterbunden werden.
13. Dank natürlicher Barrieren entstandene eigenständige Lebensgemeinschaften sind zu respektieren. Verpflanzen oder Umsiedeln von Arten oder Öffnen von Barrieren – wie zum Beispiel im Falle von Kanälen – kann ganze Lebensgemeinschaften bzw. gewordene geografische Rassen oder Ökotypen schädigen oder zerstören.
14. Durch zivilisatorische Eingriffe verhinderte Katastrophenereignisse (Überschwemmungen, Rutschungen) sind durch gezielte Massnahmen zu ersetzen.

(Nievergelt, 1991, S. 46f.)

Wie früher im Zusammenhang mit der Frage von Krieg und Frieden stand die Überlebensfrage auch im Mittelpunkt meiner ökologischen Überlegungen. Einige für mich wichtige Resultate habe ich in dem Buch «Störfall Mensch» 1995 veröffentlicht:

> Das ökologische Problem besteht darin, dass bestimmte Folgen der vom Menschen verursachten Einwirkungen auf die Natur nicht akzeptabel und nicht erträglich sind für bestimmte Betroffene, ja eigentlich nicht für die Menschheit insgesamt – mit vielleicht wenigen Ausnahmen wie reichen alten Menschen in der westlichen Welt, Zynikern und potenziellen Selbstmördern.
>
> Pointiert könnte man resultieren: Was wir nicht verkraften, weder sozial noch kulturell, sind die Folgen der vom Menschen herbeigeführten sehr raschen Veränderungen der klimatischen Verhältnisse.
>
> Der Mensch widerspricht in seiner Lebens- und Produktionsweise der Regel der Nachhaltigkeit wie gesagt dadurch, dass er Stoffkreisläufe aufbricht. Letztlich sind es also die durch Menschen für lange Zeit geöffneten Stoffkreisläufe, welche den raschen Wandel der globalen Verhältnisse bewirken. Soll die Qualität der Lebensgrundlagen erhalten bleiben, bleibt also nur die Orientierung an den Regeln der Natur.

(Ruh, 1995a, S. 20f.)

Oberste Maxime des Handelns ist die langfristige Sicherung der Lebensgrundlage für möglichst alle Lebewesen. Ein wesentlicher Aspekt dabei ist die Erhaltung der Artenvielfalt.
- Die genetische Evolution basiert auf Vielfalt. Ohne Vielfalt (Diversifizierung) fällt das Gebäude der Evolution auseinander.
- Vielfalt ist gekoppelt mit hohem (energetischem) Wirkungsgrad. Je besser der Wirkungsgrad, desto länger sind die Lebensgrundlagen gesichert.
- Die genetische Vielfalt ist Voraussetzung für Stabilität und damit Überleben.
- Die Artenvielfalt enthält für das Überleben potenziell unabdingbare Teile des Systems.
- Die Zerstörung der Artenvielfalt im heutigen Tempo und Ausmass gab es noch nie. Sie ist durch eine einzige Art verursacht und so unzulässig, weil unverhältnismässig. Die Folgen des Zerstörungsprozesses sind nicht absehbar.
- Wenn die Natur Arten aussterben lässt, sorgt sie für Ersatz. Der Mensch dagegen zerstört die Arten ersatzlos. (Die Meinung, der Mensch könne mit Gentechnologie die Verluste wettmachen, ist Hybris.)

- Artenvielfalt ist Teil der überlebenswichtigen natürlichen Strategie des trial and error.
- Es kann nicht richtig sein, dass der Mensch ohne lebensnotwendigen Grund zerstört, was er nicht gemacht hat und nie wird machen können.

(Ruh, 1990a, S. I,5f.)

Nachhaltigkeit definierte ich wie folgt:

Nachhaltig im umfassenden ethischen Sinn ist eine Lebens-, Gesellschafts- und Wirtschaftsform, die unter den Bedingungen der ökologischen Grenzen, der ökonomischen Knappheit und der gesellschaftlichen Gültigkeit der Menschenrechte das Leben so gestaltet, dass zukünftigen Generationen langfristig die Chance erhalten bleibt, in einer uns vergleichbaren Weise nach Erfüllung des Lebens zu streben, indem sie ihre Anpassungsfähigkeit, Handlungsfähigkeit und Verantwortungsfähigkeit behalten.

(Ruh, 2011, S. 143)

In einem gewissen Zusammenhang mit dem Thema Ökologie und Naturschutz stand meine Beschäftigung mit der Tierethik. Schon in Lehrveranstaltungen an der Universität Bern arbeitete ich an diesem Thema, nicht zuletzt motiviert durch eine Begegnung mit dem Biologen Konrad Lorenz. Ich war an der Organisation eines Vortrags von ihm in Bern beteiligt und habe ihn dann zum Abendessen bei uns zu Hause eingeladen.

Wir hatten damals einen Hund, der unter die besondere Beobachtung des Verhaltensforschers Lorenz geriet. Beim Verlassen unseres Hauses sagte er mir: «Sie sind eine ausgesprochen antiautoritäre Familie. Der Hund hat sich während des Essens zu den Füssen jeweils aller Mitglieder in gleicher Zeitdauer gelegt. Das heisst, es gibt keinen eigentlichen Chef in der Familie.»

Und noch eine Hundegeschichte: Mein Freund Professor Max Geiger, leider früh an einer seltenen Krankheit verstorben, besuchte uns in der Halensiedlung und blieb über Nacht. Plötzlich hörten wir aus dem unteren Stock ein lautes Geschrei: «Haus use, du Sauhund!» Schlaftrunken begab ich mich nach unten und traf einen aufgeregten Max Geiger im Pyjama an, der zuschauen musste, wie sich unser Hund in sein Bett gelegt hatte, als er kurz auf die Toilette gegangen war.

Sowohl in Bern wie auch in Zürich organisierte ich Lehrveranstaltungen zum Thema Tierversuche. Ich wurde dann Mitglied der Tierversuchskommission der Akademie der medizinischen Wissenschaft und der Akademie der Naturwissenschaften. Zusammen mit dem befreundeten Medizinprofessor Ewald Weibel verfasste ich den Entwurf für das Dokument «Ethische Grundsätze und Richtlinien für wissenschaftliche Tierversuche».

Als Präsident dieser Kommission ging meine Beschäftigung mit dieser Thematik natürlich immer weiter. Die Aufgabe der Kommission war es, Gesuche für die Bewilligung von Tierversuchen aus ethischer Perspektive zu prüfen. Manchmal besuchte die Kommission darum Forschungseinrichtungen in grossen Unternehmungen oder an Universitäten. In Erinnerung geblieben ist mir der Besuch bei der Tierstation der Firma Ciba-Geigy. Wir wurden Zeugen eines Geburtsvorgangs einer Versuchsratte. Diese Ratte gebar zuerst ein gesundes und danach ein behindertes Junges. Kaum hatte sie die Behinderung – es war eine verkümmerte Pfote – entdeckt, tötete sie dieses Tierlein mit einem Biss. Mir wurde klar: So geht die nicht menschliche Natur mit Behinderungen um.

Ein anderer Besuch in einem Institut der Universität Zürich übte einen starken Einfluss auf mein eigenes Urteil in der Tierversuchsfrage aus. Wir beobachteten dort Wissenschaftlerinnen, welche am offenen Hirn von Versuchsratten Gefässe zusammenflickten. Uns wurde glaubwürdig erklärt, eine Wissenschaftlerin (es waren übrigens nur Frauen, Männer sind für solche feinen Arbeiten unbrauchbar) müsse mindestens während siebzehn Stunden an einer Ratte üben, bevor sie die Fähigkeit besitze, denselben Vorgang am menschlichen Gehirn erfolgreich zu tätigen. Wie gesagt, solche Erfahrungen beeinflussten meine Haltung nachdrücklich, wie aus dem von mir verfassten Positionspapier vom 4. Oktober 1985 über «Ethik und Tierversuch» hervorgeht:

Der biblische Befund tendiert doch auf eine gewisse Selbstverständlichkeit in der Hinsicht, dass der Vollzug des menschlichen Lebens zum Teil auf Kosten der Tiere gehen darf. Der Nachdruck liegt hier auf dem Begriff der Selbstverständlichkeit. Es gibt in der Bibel gerade in diesem Zusammenhang die Eröffnung einer Freiheit, eines Dürfens, welches jenseits eines moralisierenden Fragens steht. Diese Freiheit ist darum so wichtig, weil der Mensch ganz einfach überfordert ist, wenn er jeden einzelnen Schritt seines Lebensvollzugs ethisch legitimieren muss. Der biblische Befund scheint sowohl im Alten wie auch im Neuen Testament diese Freiheit des Dürfens in einer gewissen Selbstverständlichkeit zu eröffnen. Ebenso selbstverständlich ist allerdings, dass diese Freiheit stets die Minimierung der Gewalteinwirkung auf Tiere beachtet bzw. voraussetzt.

Die Unausweichlichkeit für das Handeln des Menschen

Leben heisst Töten, und Leben heisst Zufügen von schwerem Leid. Schweres Leiden gehört zum Leben, und der Mensch ist daran entweder aktiv oder passiv beteiligt. Lässt er die Dinge einfach geschehen, z.B. auf dem Gebiet der Medizin, dann geschieht schweres Leiden für Menschen, aber auch für Tiere. Greift der Mensch zum Zweck des Heilens ein, dann benötigt er den Zugriff auf das Tier im Rahmen von Tierversuchen. Die Lage ist so unausweichlich. Der Mensch muss handeln oder Leiden geschehen lassen.

In dieser Lage kann man es als begründet ansehen, dass der Mensch eingreift und schweres Leiden der Menschen zu lindern sucht, zum Teil auch schweres Leiden der Tiere. Ganz kommt diese Argumentation auch nicht aus ohne den Verweis auf den Vorrang des Menschen. Allerdings wird klar, dass der Mensch nicht die Wahl hat zwischen Tierversuch und einem befriedigenden Status Quo. Er hat nur die Wahl zwischen Tierversuch und dem Geschehenlassen von schwerem Leiden beim Menschen. Vor diese Wahl gestellt, kann man es als gerechtfertigt ansehen, dass er dem menschlichen Leiden Vorzugsbehandlung zukommen lässt.

Im Anschluss an ein öffentliches Referat über Tierethik an der Universität Zürich bekam ich vom Verband, der sich mit der Haltung von Tieren befasst, eine Einladung zu Besuchen bei einigen ausgewählten Tierhaltern. Zusammen mit meiner damaligen Assistentin Ina Praetorius traf ich auf einer ersten Station, einer Schweinezucht in der Ostschweiz, ein. Kaum hatten wir die Stallungen betreten, wurden wir Zeugen eines speziellen Vorgangs: Den soeben geborenen Ferkeln wurden mit einer Beisszange bestimmte Zähne abgeklemmt, sozusagen als Begrüssungsgeste auf dieser Erde. Auf unsere Fragen nach der Sinnhaftigkeit dieses Vorgangs gab es folgende Erklärung: Die hochgezüchteten Muttersäue bekämen mehr Junge als früher, damit sei der freie Platz um die Zitzen enger, und die kleinen Tiere kämen sich beim Saugen zu nahe und verletzten sich gegenseitig.

Dann ging's weiter in einen Musterstall. Wir entdeckten oberhalb der Köpfe der Kühe einen mit Strom geladenen Stab, der die Tiere beim Koten in die richtige Richtung zwang, so dass die Fäkalien zielgerecht in einen Graben fielen. Dafür konnte man Stroh sparen!

Die dritte Station war ein Gehege von Rindern, die für Entrecôtes vorgesehen waren und die für eine längere Zeitspanne eng zusammenzustehen hatten, damit sich das Fleisch optimal entwickeln konnte.

Ina Praetorius und ich verliessen diese Stätten mit gemischten Gefühlen. Ich befasste mich nachher intensiver mit der Tierhaltung, vor allem im Zusammenhang mit der neuen Gesetzgebung. Meine Vorstellungen über die Tierhaltung konnte ich dann einmal, eingeladen durch meinen ehemaligen Pfadiführer und damaligen Ständerat Bernhard Seiler, in der entsprechenden ständerätlichen Kommission, die er präsidierte, vortragen. Ich denke, dass ein paar Verbesserungen im Gesetz über die Tierhaltung auf meine Argumentation zurückgehen.

Kapitel 16
Rechtsstaat

> "Wichtig war mir auch das prinzipielle Festhalten am Widerstand im Rechtsstaat."

Die Idee des Rechtsstaats war mir immer besonders wichtig, vor allem nach den interdisziplinären Seminaren, die ich schon an der Universität Bern gemeinsam mit den Staatsrechtlern Jürg Paul Müller und Peter Saladin veranstaltet hatte. Die Bedeutung dieses Themas hat sich im einundzwanzigsten Jahrhundert angesichts der weltweiten Verunglimpfung von Richtern und Gerichten durch rechtspopulistische Bewegungen nochmals verstärkt, vor allem auch wegen des Bedeutungsverlusts einer Auffassung des Rechts, welches über dem bloss positiven Recht steht. Meine Position trug ich einmal an einer Tagung der FDP Zürich vor. Sie wurde in der NZZ vom 8. und 9. Januar 1985 abgedruckt:

Verstehen wir den Staat als Veranstaltung Gottes zur Entsprechung seines Heilswillens, so wird man die Schwerpunkte der staatlichen Ordnung in eine Beziehung zu den Schwerpunkten der Heilsordnung zu setzen haben. Ausgangspunkt wird dann etwa sein, dass dem klaren Heilswillen Gottes die Abwesenheit jeder Willkür im Staat entspricht, denn Gott spricht nur mit einer, nämlich mit einer eindeutigen Stimme. Die staatliche Ordnung ist grundsätzlich gewaltfrei zu sehen, in Entsprechung zur gewaltfreien Zuwendung Gottes zum Menschen. Der Menschwerdung Gottes entspricht der Schutz des so gewürdigten menschlichen Lebens und seiner Würde. Der Befreiung von Zwängen entspricht die Gewährleistung menschlicher Freiheit. Der mitmenschlichen Liebe endlich entspricht die Garantie mitmenschlicher Solidarität. Der theologischen Erkenntnis allerdings, dass sich das staatliche Geschehen unter den Bedingungen des Vorletzten, also auch des menschlichen Ungehorsams und der Sünde, abspielt, entspricht das Recht des Staates auf Androhung mit Gewalt.

Der Staat als Anordnung Gottes ist demnach zu verstehen als eine Ordnung, in der die Menschen in Ehrfurcht vor dieser Setzung Gottes jenseits von Willkür und grundsätzlich gewaltfrei den Schutz von Leben, Würde und

Freiheit gestalten sowie eine gerechte Verteilung der Lebenschancen anstreben, das alles zu schützen der Staat aber auch das Recht zur Androhung und Ausübung von Gewalt hat.

Im Unterschied zu meinem Lehrer Karl Barth habe ich hier nicht die geringsten Berührungsängste im Blick auf die naturrechtliche Evidenz der Idee der Rechtsstaatlichkeit. Im Gegenteil: Ich verstehe diese als eine Analogie oder Parallele, als eine mit der biblischen nahe verwandte Position. Dies gilt insbesondere in Hinsicht auf den entscheidenden Punkt, dass nämlich das Recht des Staates zu tiefst den Menschen und seiner Manipulation entzogen und eben, theologisch formuliert, von Gott gegeben ist. Dies gilt im Hinblick auf die zentralen Inhalte der Idee der Rechtsstaatlichkeit: Schutz des Lebens, Recht auf Freiheit, auf Gerechtigkeit und Solidarität, auf Partizipation sowie auf faire Regelung der Ordnung.

Wichtig war mir auch das prinzipielle Festhalten am Widerstand im Rechtsstaat:

> Fragt man nun nach konkreten Kriterien für einen theologisch-ethisch zu rechtfertigenden Widerstand im Rechtsstaat, so kommen vor allem die folgenden in Frage: Der Konflikt muss sich immer auf der Ebene der grundlegenden Rechte ergeben. Dabei sind längerfristig negative Folgen, etwa der Verlust einer Ordnungskultur durch gewaltfreie Verfahren, mitzubedenken.
> Der illegale Widerstand muss begründet sein durch die Aussicht auf irreversiblen Verlust von grundlegenden Menschenrechten (zum Beispiel von Leben oder Freiheit).
> Für den illegalen Widerstand müssen Gewissensgründe geltend gemacht werden können. Theologisch kann das heissen, dass ein Christ aus Gehorsam gegenüber dem konkreten Gebot so und nicht anders handeln muss.
> Die Ungerechtigkeit, gegen die sich der Widerstand wendet, muss schwerwiegend sein.
> Die legalen Einflussmöglichkeiten sind zuerst auszuschöpfen.

(Saladin u.a., 1988, S. 282)

Der Rechtsstaat war und ist für mich immer auch sozialer Rechtsstaat. Dazu gehört eine Sozialpolitik:

In den Fällen, in denen Menschen unverschuldet daran gehindert sind, die erwarteten Eigenleistungen für die Wahrung der eigenen Lebenschancen zu erbringen, soll der Staat modifizierend eingreifen und zwar so, dass die Lebenschancen der Betroffenen mit den durchschnittlichen Lebenschancen einer staatlichen Gemeinschaft vergleichbar werden.

Sozialstaatliche Hilfe ist auch dann zu leisten, wenn Menschen die billigerweise zu erwartenden Eigenanstrengungen nicht leisten. Diese Hilfe kann aber nur eine minimale Lebenshilfe bedeuten.

Die Grenze sozialstaatlicher Modifikation ist dort anzusetzen, wo sozialstaatliche Massnahmen die Leistungsfähigkeit bzw. -willigkeit in Bezug auf billigerweise zu erwartende Eigenanstrengungen vermindern und sozialstaatliche Massnahmen das Niveau der Leistungen für die Allgemeinheit so senken, dass die Aussichten der zu Begünstigenden langfristig schlechter werden als ohne sozialstaatliche Massnahmen.

(aus einem nicht gedruckten Thesenpapier ohne Jahreszahl)

Kapitel 17
Sport

> "Mir wurden die Augen nass vor Rührung angesichts dieser vornehmen Zurückhaltung, und ich tröstete mich im Raum der Stille aus gelbem Alabaster im FIFA-Komplex."

Auch der Sport wurde ein Thema der Ethik. Die Freude an den eigenen sportlichen Aktivitäten entdeckte ich allerdings erst in der Mitte meines Lebens. Dann machten mir Fussball, Bergwanderungen und Langlauf grosse Freude. Als in Magglingen im Bundesamt für Sport, vor allem aber bei Swiss Olympic, Ethik ein Thema wurde, begann ich mich damit auseinanderzusetzen. Ich wurde Mitglied des Ethikbeirats von Swiss Olympic, neu Swiss Academy, und entwickelte meine Vorstellungen in Vorträgen und Seminaren:

> Im Zusammenhang mit Gesundheit vermag der Sport ethisch bedeutsame Werte zu vermitteln. Es soll dies wiederum unter den drei bereits bekannten Aspekten dargestellt werden.
>
> ### Sport und das Gute Leben
> Sport kann, auch und gerade als Spiel, zweckfreie Glückerfahrung bedeuten. Durch Bewegung kommt es zur Erfahrung von Entspannung und Freude. Sport kann das innere Gleichgewicht eines Menschen stärken. Er vermittelt wichtige Erfahrungen in der Erprobung des eigenen Körpers, zum Beispiel dadurch, dass wir spüren, dass wir Beine, Muskeln, Kraft und Ausdauer haben. Sport kann uns helfen, Widerwärtigkeiten zu trotzen, Kraft zu finden für Widerstand, aber auch für Hartnäckigkeit und Leistungsfähigkeit. Sport hilft mit, Seele und Geist zu stärken, kann innere geistige Freiheit, kreatives Denken und innovative Kraft fördern.
> Zusammengefasst ausgedrückt: Sport ist ein hervorragendes Medium zur Gewinnung der eigenen Handlungsfähigkeit und damit eben der Fähigkeit, das Schicksal aufgrund der Erfahrung der eigenen Vitalität in die eigene Hand zu nehmen.

Sport und menschliche Gemeinschaft

Die Erfahrung und Praxis von Fairness im Sport kann von grösster Bedeutung sein für die Fähigkeit, das gemeinsame Leben fair zu gestalten. Sport erhöht die soziale Kompetenz, die Fähigkeit zur Kommunikation, die soziale Integration, die Fähigkeit, auf Bedürfnisse anderer einzugehen, auf die Unversehrtheit des anderen zu achten, Rücksicht auf Schwächere zu nehmen, niemandem Schaden zuzufügen, sorgfältig mit sich und anderen umzugehen. Sport und Spiel sensibilisieren auch für das allgemeine Verständnis von wichtigen gesellschaftlichen Werten wie Gerechtigkeit und Chancengleichheit. Endlich vermittelt Sport die Erfahrung von Teamgeist, von gemeinsamer Befähigung zur Leistung und von Partnerschaft.

Sport und Geschenktheit des Lebens

Durch Sport können wir den Körper als Geschenk erfahren und angeleitet werden, mit diesem Geschenk sorgsam umzugehen. Wir können aber auch lernen, mit der Begrenztheit des Körpers umzugehen, auf Störungen des Körpers sorgsam zu achten und ebenso sorgsam damit umzugehen. Gerade Grenzerfahrungen mit dem Körper sind wichtig: Wir sollen lernen, dem Körper keine Gewalt anzutun, ihn nicht zu überfordern, auch nicht mit chemischen Mitteln. Weiter können wir lernen, auf Unsinn zu verzichten, aufzuhören, wenn es angezeigt ist und überhaupt abzukommen von dem Wahn, dass Gesundheit, Jugend und Körperkraft ewig dauern werden.

(Ruh, 1995c, S. 169 ff.)

Ich beteiligte mich gerne an der Entwicklung ethischer Standards im Rahmen von Swiss Olympic. Mit einem Projekt war ich allerdings nicht erfolgreich. Ich konzipierte, unter anderem mit meinem Freund Reinhard Friesenbichler aus Wien, die Idee eines Sport-Ethik-Fonds. In diesem Fonds wären Wertschriften von sport- und gesundheitsrelevanten Unternehmen enthalten gewesen, die vorgängig einer ethischen Prüfung unterzogen worden wären. Als Investoren sah ich zum Beispiel internationale Sportverbände vor. Die Grundidee war ein Mechanismus, nach dem ethisches Verhalten der Unternehmen ökonomisch belohnt werden soll, insbesondere über die Erhöhung der Reputation. Mit Vertretern von Swiss Olympic und Swiss Lotto machten wir einmal einen Besuch im Hauptquartier der FIFA in Zürich, wo wir deren Bereitschaft zum Investieren in unseren Ethikfonds erkunden wollten. An der

Sitzung, an dem der Finanzchef teilnahm, wurde uns mitgeteilt, dass die FIFA reglementsgemäss in keine Aktien investieren dürfe. Mir wurden die Augen nass vor Rührung angesichts dieser vornehmen Zurückhaltung, und ich tröstete mich im Raum der Stille aus gelbem Alabaster im FIFA-Komplex.

Wir führten dann die Arbeiten am geplanten Fonds weiter. Er wurde allerdings später im Exekutivausschuss von Swiss Olympic versenkt. Ich hätte gerade von den dort einsitzenden nationalrätlichen Schwergewichten der SVP etwas anderes erwartet.

Kapitel 18
Kontakte

> "Tatsächlich war die ministeriale Ankunft imposant: Voraus ein Audi mit Blaulicht, dann der Minister im zweiten Wagen, dann wieder ein Audi mit Blaulicht."

In der Theologischen Fakultät war es üblich, dass der neu gewählte Dekan ein Vorschlagsrecht für Ehrendoktorate hatte. Ich nutzte diese Tradition zur Zeit meines Dekanats und schlug als Kandidaten für ein Ehrendoktorat in Theologie Manfred Stolpe vor. Stolpe war damals Ministerpräsident von Brandenburg, später Verkehrsminister in der Regierung Schröder. Ich hatte während meiner Berliner Zeit enge Kontakte zu ihm, war er doch damals juristischer Sekretär der Bischofskonferenz. Später, zu meiner Zeit beim Kirchenbund, noch zur DDR-Zeit, hatte ich ihn mehrmals zu Konferenzen in die Schweiz eingeladen. In Deutschland wurde allerdings eine Diskussion über sein Verhalten zur DDR-Zeit geführt: Er wurde als Inoffizieller Mitarbeiter (IM) der Stasi denunziert, und es war mir klar, dass die Diskussion auch nach Zürich gelangen würde. In der Tat wurde ich einmal im Gang der Universität von einem Kollegen aus einer anderen Fakultät gefragt: «Bekommt jetzt die Universität Zürich auch einen Fall Mussolini?» Das war eine Anspielung auf die Tatsache, dass Mussolini 1937 mit dem Ehrendoktor der Universität Lausanne geehrt worden war. Auch dem Rektor, dem Theologen Hans Heinrich Schmid, war die Sache nicht ganz geheuer. Er holte sich bei glaubwürdigen Personen im Umkreis der DDR-Kirche ein Gutachten, das für Stolpe positiv ausfiel. Somit war die Bahn für das Ehrendoktorat frei, das dann an einem Jahresanlass der Universität Zürich verliehen wurde.

Auch hier gibt es einen Nachtrag, der in die Zeit meiner Pensionierung fällt: Unser Wohnort Pfaffhausen ist betroffen von der neuen Flugverkehrsregelung, welche Deutschland durchgesetzt hat. Insbesondere die Frühflüge von sechs bis sieben Uhr morgens sind ein Stein des Anstosses. Da aber damals ausgerechnet Manfred Stolpe der zuständige Verkehrsminister in Deutschland war, lag es nahe, dass ich ihn anlässlich eines Besuchs in Berlin kontaktierte. Ich ging zum Verkehrsministerium mit dem Ansinnen, den Herrn Minister zu treffen. Ich gab bei der Pforte an, ich sei mit Herrn Stolpe befreundet. «Das sagen andere och», war die abweisende Antwort. Nun, ich bekam dann Manfred Stolpe doch noch ans Telefon und er sagte: «Wir treffen uns morgen zum Mittagessen in deinem Hotel Albrechtshof», da wo wir uns früher jeweils beruflich getroffen hatten. Diese Mitteilung setzte das Hotel in eine gewisse Aufregung, und es wurde ein Saal vorbereitet, in dem ich mit dem Herrn Minister das Mittagessen einnehmen konnte.

Tatsächlich war die ministeriale Ankunft imposant: Voraus ein Audi mit Blaulicht, dann der Minister im zweiten Wagen, dann wieder ein Audi mit Blaulicht. Beim Mittagessen unterhielten wir uns zuerst über unsere gemeinsame Vergangenheit und die politische Lage. Dann schilderte ich die Nöte der Einwohner von Pfaffhausen. Stolpe sagte mir, er habe mit Bundesrat Leuenberger über dieses Abkommen verhandelt, und Herr Leuenberger habe den schweizerischen Standpunkt sehr gut vertreten. Er könne jetzt keine offiziellen Verhandlungen mehr führen, aber er sei bereit, Herrn Leuenberger in unserem Haus in Pfaffhausen informell zu treffen. Vielleicht wäre so auch eine andere Lösung zum Beispiel die sogenannte Paketlösung möglich, welche verschiedene Anliegen bündeln sollte.

Ich ging erfreut in die Schweiz zurück und teilte Herrn Bundesrat Leuenberger per E-Mail diese Information mit. Ich hörte darauf längere Zeit nichts, mit Ausnahme der Anfrage, wann genau ich Herrn Stolpe getroffen hätte. Ich denke, dass das Schweigen von Herrn Leuenberger mit seiner Verärgerung über die Ablehnung seines Vorschlags zur Flugverkehrsregelung im Raum Zürich im Parlament zu tun hatte.

Zum Lehrstuhl für Sozialethik an der Universität Zürich gehörten traditionsgemäss auch zwei Mandate in Deutschland: So wurde ich Mitherausgeber der Zeitschrift Evangelische Ethik (ZEE). Ebenfalls nahm ich Einsitz in der sogenannten Sozialkammer der EKD (Evangelische Kirche in Deutschland), in der wichtige sozialpolitische Themen aus kirchlicher und theologischer Sicht bearbeitet wurden. Gerade dieses Gremium zeigte mir, welchen Rang die Kirche in Deutschland damals (noch) einnahm: Mitglieder der Sozialkammer waren etwa die Ministerin Regine Hildebrandt, die Gewerkschafterin Ursula Engelen-Kefer oder Staatssekretär Werner Tegtmeier. Einmal gab es ein Mittagessen mit dem damaligen Gesundheitsminister Horst Seehofer, später Ministerpräsident von Bayern. Auf diese Weise hatte ich fast einmal im Monat in Deutschland zu tun. Mein Beitrag in beiden Gremien war nicht besonders auffallend; ich bearbeitete aber Themen wie Arbeit, Naturschutz, Sport, Alter, Renten u. a. Der Kontakt mit einflussreichen Persönlichkeiten war für mich von grosser Bedeutung, bekam ich doch so Informationen, die sonst nicht jedermann zugänglich waren.

Ich erinnere mich an eine peinliche Situation in einem Hotel in München. Dort fand eine Sitzung der Herausgeber der ZEE statt. Am Morgen, als die Herren Professoren alle zur Begleichung der Hotelrechnung an der Rezeption standen, wurde mir vor aller Augen und Ohren eine saftige Rechnung wegen Benutzung von Pornovideos in der Nacht überreicht. Es war dies wohl die Folge meiner ungeschickten Bedienung des TV-Apparats und musste ein technischer Fehler gewesen sein. Ob die Herren Kollegen an der Rezeption mir dies glaubten, steht auf einem anderen Blatt.

Kapitel 19

Ideen

> "Die technologische Entwicklung hat dann zwei meiner ‹genialen› Einfälle obsolet gemacht."

Meine Grundintention, für Probleme aller Art eine bessere Lösung zu finden, verfolgte ich – oder verfolgte mich – auf verschiedenen Ebenen. Mehrfach postulierte ich einen Velolift für steile Hanglagen in den Städten oder zur Überwindung einer Anhöhe. Für Zürich dachte ich an einen solchen Lift am Zürichberg. Mit dieser Idee drang ich immerhin bis in den Stadtrat von Zürich vor, und Stadtrat Ruedi Aeschbacher führte darüber eine ernsthafte Diskussion mit mir und seinen Mitarbeitern.

Inspiriert von einem Projekt in Wales, verfasste ich ein Projektpapier für einen Zukunftspark in der Schweiz. Dort sollten Module aufgebaut und gelebt werden, welche in Bezug auf Energie, Umwelt, Lebensstil, Nahrung, Technik usw. den zukünftigen Kriterien von Nachhaltigkeit und gutem Zusammenleben entsprechen. Dieses Projekt legte ich einmal Bundesrat Ogi vor, der mir immerhin einen schönen Dankbrief verbunden mit einem Gemälde, zukommen liess.

Die technologische Entwicklung hat dann zwei meiner «genialen» Einfälle obsolet gemacht. Im Militärdienst diente ich unter Major Hegelbach, der Direktor bei IBM war. Ich offerierte ihm einen vermeintlichen Gag für seine Firma: Ich entdeckte, dass im Wort SchreIBMaschine «IBM» enthalten war. Leider war zugleich die Karriere der Schreibmaschine an ihrem Ende angelangt.

Etwas mehr Hoffnung machte ich mir mit meinem Projekt Ortovit. Ich entwickelte ein durchsichtiges Blatt mit einem Koordinatensystem. Dieses Blatt konnte man auf Texte legen und zum Beispiel am Telefon sofort mit einem Partner zu korrigierende Stellen identifizieren. Kurz vor der Patentanmeldung überholte mich der Computer auch hier.

Kapitel 20

Nach der Emeritierung

❝Ganz befriedigt mich der Stand meiner bisherigen Erkenntnisse noch nicht.❞

1998 trat ich von meinem Amt als Professor der Universität Zürich zurück. Der Tages-Anzeiger widmete mir am 30. Juni 1998 unter dem Titel «Ein Stürmer tritt ab» einen schönen Abschiedsartikel. Darin heisst es unter anderem: «Aus seinen Ideen und Überzeugungen machte er nie ein Hehl, schrieb Bücher, engagierte sich politisch und sozial und schuf sich damit grosses Ansehen in der Öffentlichkeit. Sein Tatendrang, seine unerschrockene, bodenständige Art, der Sinn für die Wirklichkeit, aber auch für neue Möglichkeiten, der enge Praxisbezug trotz aller Wissenschaftlichkeit waren und sind seine Markenzeichen.»

Die Fakultät und meine Mitarbeiterinnen und Mitarbeiter organisierten zu meinem Abschied ein spannendes Symposium zu ökonomischen Fragen. Am Schluss dieses Symposiums hielt Ulrich Bremi eine schöne Laudatio und bot mir am Ende auf ewig das Du an. Nach all diesem war für mich ein süsser Übergang in die Emeritierung garantiert.

Die Beschäftigung mit den mir wichtigen Themen hörte allerdings nicht auf. Ich bedauerte natürlich das Ende des intensiven Austauschs mit jüngeren Menschen, freute mich dagegen auf das Ende der vielen Sitzungen. Auch die Prostataerkrankung und die darauf folgende Bestrahlung im Jahr 2000 haben mich nicht wesentlich an der Weiterarbeit gehindert. Zwar war die Begegnung mit einer gefährlichen Krankheit eine neue Erfahrung, und ich musste den Umgang damit lernen. Der Beginn dieses Lernens war nicht besonders geglückt: Ich hielt in Davos an einem Kongress ein Referat; in der Pause erkundigte ich mich telefonisch bei meinem Urologen über den Befund der vorgängigen Untersuchung. Er teilte mir mit: «Es ist leider Krebs.» Ich erschrak natürlich, musste aber gleich darauf mit der Diskussion am Kongress weiterfahren. Im Nachhinein beurteile ich das bloss telefonische Pausengespräch mit meinem Arzt über ein nicht gerade unwichtiges Thema als wenig überlegtes Verhalten meinerseits.

Neu hinzu kam, dass ich als emeritierter Ethikprofessor zur Anlaufstelle von manchen Menschen wurde, die sich in einer Notlage befanden.

Einige meiner Vorlesungen und Seminare führte ich weiter, zum Beispiel an der HWZ (Hochschule für Wirtschaft Zürich), der ZHAW (Zürcher Hochschule für Angewandte Wissenschaften) in Winterthur und vor allem an der Höheren Fachschule in Zug, wo ich über viele Jahre jeweils ein Ethikseminar auf Einladung des Studienleiters – meines Freundes André Haffner – durchführte.

Die Weiterarbeit bezieht sich vor allem auf die Themen Ökologie, Ökonomie, Politik und Begründung ethischer Theorien. Die Publikationen nach meiner Emeritierung stehen für diese thematische Ausrichtung. Ein Beispiel ist das Buch «Die Zukunft ist ethisch – oder gar nicht», das ich zusammen mit meinem Freund und ehemaligen Studenten Thomas Gröbly verfasst habe (Ruh/Gröbly, 2008). Ein eher praktisches Thema geriet allerdings zunächst verstärkt in meinen Fokus: Ethik und Finanzen. Dabei entwickelte sich insbesondere eine enge Zusammenarbeit mit meinem Freund Reinhard Friesenbichler aus Wien beziehungsweise mit seinem Unternehmen RFU. Friesenbichler war und ist ein Spezialist in Fragen der ethischen Beurteilung von Unternehmen und Finanzprodukten. Wir gründeten zusammen mit Partnern, unter anderem mit Marie-Louise Hilber von der Firma «intosens AG – urban solutions», die BlueValue AG, deren Zielsetzung die Beurteilung und Entwicklung von Finanzprodukten ist. Wir regten auch die Gründung eines Ethikfonds mit ethisch geprüften Staatsanleihen an. Dieser wurde allerdings kein Erfolg, wohl weil wir den Euro als Währung gewählt hatten und wegen der Stärke des Schweizerfrankens in der Schweiz unter Druck kamen. In diesem Zusammenhang entwickelten wir ein Modell für die ethische Prüfung von Staaten im Blick auf die Beurteilung von Staatsanleihen. Das Länder-Ethik-Rating-Modell am

Beispiel der Schweiz wurde als Diplomarbeit an der ZHAW in Winterthur eingereicht.

Ende der Neuzigerjahre gründete ich, zusammen mit Freunden, allen voran Ernst Trösch, die «Stiftung für angewandte Ethik». Es ging dabei um den Transfer der Ethik in die Welt der Wirtschaft beziehungsweise der wirtschaftlichen Unternehmen. Einige Anlässe und Seminare in dieser Richtung blieben nicht ohne Erfolg und Echo. Wir setzten uns zum Beispiel auch mit dem Financier Martin Ebner auseinander. Weil sich die Gruppe aber nicht über die Form der Institutionalisierung in der Zukunft einigen konnte, blieben weitere Aktivitäten aus.

Ich befasste mich auch mit der Entwicklung von Ethikmanagementsystemen. Vor und nach der Finanzkrise 2008 bot ich solche Systeme den beiden Grossbanken der Schweiz an, ohne Erfolg beziehungsweise ohne Interesse. Ebenfalls ohne Erfolg war meine Lobbyarbeit in der Wandelhalle des Nationalrats während der Finanzkrise. Ich hatte zwar dort die Gelegenheit, drei Präsidenten von grossen Parteien die Idee eines Ethikmanagementsystems für den Finanzplatz Schweiz vorzustellen, aber auch hier ohne Erfolg.

Zu den Institutionen, in denen ich mich in der Zeit der Emeritierung engagierte, gehört die Allianz «share for food», deren Kopräsident ich zur Zeit bin. Share for food strebt einen global-humanen Brückenschlag vom besser gestellten Norden in den oft unverschuldet benachteiligten Süden an. Das «share for food»-Logo hebt Waren und Dienstleistungen hervor, in welchen ein Beitrag von einem Prozent des Kaufpreises für Projekte zur Verbesserung der Ernährungssicherheit miteingerechnet ist. Der damit verbundene Reputationsgewinn soll für die beteiligten Firmen marktsteigernd wirken. Ohne das finanzielle Engagement von Monique Bär wäre der Start nicht möglich gewesen.

Ebenfalls Präsident bin ich bei der Stiftung Ethimmo. Stiftungszweck ist die Förderung von Sozialimmobilien. Die Stiftung ist Mittlerin zwischen Investoren und Sozial- oder Gesundheitsorganisationen, welche dafür sorgen, dass vermehrt wirtschaftlich sinnvolle Immobilien für ethisches und nachhaltiges Wohnen und Arbeiten zur Verfügung stehen.

Schliesslich bin ich Mitglied im Stiftungsrat der Andreas Grüntzig Stiftung. Andreas Grüntzig war der eigentliche Erfinder des Ballons für die Erweiterung der Herzgefässe und hat an der Universität Zürich gewirkt. Geplant ist unter anderem ein Zentrum für Gefässmedizin angesichts der Unterdotierung eines medizinischen Angebots für eine Krankheit, die für sechzig Prozent der Todesfälle verantwortlich ist.

Ich bin auch Mitglied der Jury des Swiss Ethics Award, eines Preises, der alle zwei Jahre einem ethisch hervorragenden Unternehmen verliehen wird.

Seit meiner Lehrtätigkeit an der Universität Bern beschäftigte ich mich mit ökonomischen Fragestellungen, vor allem mit dem Verhältnis von Ethik und Wirtschaft beziehungsweise mit ökonomischer Theorie. Eine Fragestellung hat mich durchgehend beschäftigt: Wie lässt sich eine Annäherung, ja Integration von Ethik und ökonomischer Theorie denken? Oder um es mit Kant zu sagen: eine Annäherung an die Idee des Vernunftwesens. Im «Jahrbuch für Christliche Sozialwissenschaften» findet sich ein langer Aufsatz von mir unter dem Titel «Das Interesse der Ethik an der Rationalität des Wirtschaftlichen» (Ruh, 1990b).

Auch in dem von mir organisierten Symposium zum hundertsten Geburtstag von Emil Brunner unter der Thematik «Theologie und Ökonomie» stand diese Fragestellung im Zentrum meines Beitrags:

> Wann ist eine ökonomische Handlung rational? Sicher dann, wenn der Einsatz der Produktionsmittel nicht mehr verbessert werden kann. Nur ist dies kein quasi naturwissenschaftliches oder physikalisches Gesetz, weil es dabei eine Abhängigkeit von menschlichen, gesellschaftlichen, natürlichen und damit ethischen Gegebenheiten gibt. Ökonomisch rational oder effizient ist etwas immer nur für bestimmte Menschen oder Gruppen.
> Die ökonomische Rationalität ist diejenige, die denknotwendig ist für alle aktuell und potenziell am Prozess der Überwindung der Knappheit Beteiligten, Interessierten und davon Betroffenen. Inhaltliche Bestimmungen für diese Rationalität sind folgende Elemente: Zunächst eine optimale Effizienz, eine optimale Abstimmung der Interessen der Beteiligten sowie eine angemessene Berücksichtigung der Leistungen der Beteiligten.

(Ruh, 1992a, S. 146)

Mich beschäftigten immer drei Fragen:
1. Warum wird die Abhängigkeit der ökonomischen Rationalität von gesellschaftlich-ideologischen Interessen nicht erkannt und nicht zugegeben?
2. Warum steht bei der ökonomischen Rationalität mehr und mehr das ökonomische Gesetz «mit möglichst wenig Aufwand möglichst viel Produktivität» im Vordergrund unter Ausklammerung des eigentlichen Ziels der Wirtschaft: Das Gute Leben für möglichst viele.
3. Warum gibt es so wenig Anstrengungen mit dem Ziel, die ökonomische Rationalität mehr und mehr so zu definieren, dass diese die Ansprüche auch unterprivilegierter Gruppierungen und andere ethische Anliegen mehr und mehr integriert?

Ich habe anlässlich meines auf den 1. Oktober 2014 verschobenen Geburtstagssymposiums, an dem als Koreferenten die Professoren Marc Chesney, Peter Ulrich, Reiner Eichenberger sowie die Professorin Sybille Sachs teilnahmen, diese Fragen wieder aufgeworfen. Eine vorläufige Lösung habe ich dann in meiner Veröffentlichung «Bedingungsloses Grundeinkommen: Anstiftung zu einer neuen Lebensform» formuliert:

> Betrachtet man Argumentationen gegen Postulate wie Mindestlohn oder massive Verkleinerung von Lohnunterschieden, dann wird deutlich, dass ökonomische Sachzwänge immer dann behauptet werden, wenn Machtverhältnisse, Interessen, Komfort und Privilegien des tonangebenden Teils der Gesellschaft in Gefahr sein könnten. (Unter dem tonangebenden Teil der Gesellschaft wird das Konkordat derjenigen Schichten und Gruppierungen verstanden, die letztlich sagen und sagen können, wohin die Reise geht.) Verstärkt wird diese Position durch den Umstand, dass sich der neoliberale Geist durchgesetzt hat, wonach es eine ökonomische Rationalität gibt, die sich letztlich an den Marktgesetzen orientiert. Was nicht marktkonform ist, gilt als ökonomisch nicht möglich. Der Gipfel dieser Argumentation besteht darin, dass die Gesellschaft offenbar den unteren Schichten klarmachen kann, dass dem so ist. Wenn wir die Folgen dieser Konzeption bedenken, dann reden wir nicht von einem wissenschaftlich-gesellschaftlichen Kava-

liersdelikt, sondern von einem Skandal. Während der obere Teil der Gesellschaft komfortabel-friedlich das Leben geniesst, gibt es einen unteren Teil, der sich in einem permanenten Lebenskampf befindet.

Auf die Frage, warum sich die oben genannten ethischen Postulate nicht verwirklichen lassen, gibt es die folgende Antwort: «Ethik steht [...] vor der Herausforderung, innerhalb der Grenzen der Wirklichkeit nach Möglichkeiten für ein gelingendes gesellschaftliches Zusammenleben zu suchen. Hierfür sind die Restriktionen der Wirklichkeit in einer Art und Weise aufzunehmen, dass den empirischen Bedingungen des gesellschaftlichen Zusammenlebens angemessen Rechnung getragen wird.» «Beispiele für empirische Bedingungen sind etwa Naturgesetze, die Begrenztheit von Ressourcen, institutionelle Gegebenheiten, aber auch das menschliche Wesen in seiner empirischen (biologischen, psychologischen usw.) Bedingtheit.»

Was hier auf sanfte Weise vorgetragen wird, heisst brutal und im Klartext: Das komfortable Leben des tonangebenden Teils der Gesellschaft gehört eben massgeblich zu den Restriktionen der Wirklichkeit, zu der gegebenen Bedingtheit des menschlichen Wesens. Und weil das so ist, sind die genannten ethischen Postulate ein Anrennen gegen ökonomische Grundgesetze und damit ökonomisch nicht möglich, weil im Widerspruch zur ökonomischen Rationalität.

Alles, was der Rationalität und Logik dieses Gesetzes widerspricht, gilt als ökonomisch nicht möglich. Von der zweitausend Jahre alten Ideengeschichte der Ökonomie als Haushalterschaft und Förderung des Guten Lebens bleibt keine Spur! Ein Stück weit hat diese Theorie noch recht. Sie zeigt, dass die zentrale Frage eine Machtfrage ist: Die neoliberale Rationalität ist eben nicht bloss Theorie, sondern leider eine Realität. Wie geht man gegen diese Sachlage vor? Schon hier kann man sagen: Die Lösung liegt nicht in einem ethischen Konzept für die ökonomische Theorie, die Lösung liegt dort, wo die ökonomische Theorie die Marktmacht der ethischen Position stärkt.

(Ruh, 2016a, S. 35f.)

Ganz befriedigt mich der Stand meiner bisherigen Erkenntnisse noch nicht. Mir schwebt eine weit intensivere Annäherung der ökonomischen Rationalität an die Vernunft vor, und zwar so, wie dies Ernst Tugendhat formuliert: an einen Zustand, der «im unparteiischen Interesse aller ist», und der «gleichermassen gut für alle ist» (Ruh, 2013, S. 21f.)

Die ökonomische Theorie müsste an sich selbst den Anspruch stellen, Wissenschaft im Dienste der Erkenntnis zu sein. Dass sie auch pragmatische Wissenschaft sein kann und soll, ist damit nicht in Frage gestellt. Aber eben, sie kommt nicht um den Anspruch, Wissenschaft zu sein, herum. Das heisst dann, um es mit den Worten des Wissenschaftstheoretikers Jürgen Mittelstrass zu sagen: «Wissenschaft ist diejenige Tätigkeit, ‹in der sich die erste Natur des Menschen (als Bedürfniswesen) unter der Idee einer zweiten Natur (als Vernunftwesen) an sich selbst abarbeitet›.» (Ruh, 1987)

Konsequenterweise heisst das, dass die ökonomische Theorie als Wissenschaft sich auch permanent bemüht, im Sinne einer prospektiv-experimentellen und prozessorientierten Theorie immer tiefer einzudringen in den Bereich, in dem eine grösstmögliche Annäherung an die ethische Ökonomie möglich ist und bleibt. Sie müsste zum Beispiel die Bedingungen erforschen und formulieren, unter denen so etwas möglich ist, das heisst etwas konkreter: Unter welchen Bedingungen sind eine flachere Einkommensverteilung, die permanente Verbesserung der Lage unterprivilegierter Schichten und der Mittelschicht, der Vorrang unterer Schichten bei wirtschaftlichen Fortschritten möglich? Ich stelle mir vor, dass eine solche ökonomische Theorie mit Szenarien arbeiten könnte, das heisst, sie könnte beschreiben, wie je nach Zielsetzung oder Interessengruppe eine ökonomische Rationalität aussehen müsste. Also: Was ist ökonomisch rational, wenn wir als Ziel eine möglichst flache Einkommensverteilung, den Vorrang ökologischer Ziele, die Verminderung der Armut, die Verbesserung der Lage der unteren Mittelschicht usw. annehmen?

Auf diese Weise würden mit Blick auf die gesellschaftliche und politische Realität zwei Dinge deutlich gemacht: Erstens die Transparenz hinsichtlich der jeweiligen ziel- und interessengeleiteten ökonomischen Rationalität und zweitens eine klare Wahlmöglichkeit für das bevorzugte Modell oder Szenario einer ökonomischen Rationalität. Natürlich kann man hier die Frage stellen: Was ist der Realitätswert einer solchen Strategie? Ich denke, es ist ein Beitrag und Anstoss der ökonomischen Theorie an die Adresse der Praktiker beziehungsweise Politiker. Dies eben für Praktiker der Wirtschaft, die sich sonst gewohnt sind, aus dem

Bereich der Wissenschaft beziehungsweise der Theorie zu hören, das ökonomische Gesetz sei das höchste der wissenschaftlichen Gefühle. Auf einer mehr praktisch-konkreten Ebene interessierte mich über Jahrzehnte das Verhältnis von Ethik und Markt. Ich diagnostizierte ein kontinuierliches Ansteigen des Marktwerts der Ethik:

> In ausgewählten Bereichen und bei einsichtigen Unternehmern, Aktionären und Managern setzt sich die Idee der Selbstverantwortung und der Selbstbindung neu durch [...] Es gibt so etwas wie eine unternehmensinterne ethisch orientierte Gegenbewegung gegen die Schäden der ungehinderten Marktwirtschaft in der globalisierten Welt [...] Konkrete Ausdrucksweisen dieses neuen Paradigmas der Unternehmensführung bzw. des Managements sind etwa die Vielzahl von Normen und Managementsystemen [...] Die Grundidee hinter diesen Normen ist die einer freiwilligen Zertifizierung. D. h., das neue Paradigma geht von einer Transparenz und Überprüfbarkeit des eigenen unternehmerischen Handelns aus, das ethische, ökologische und soziale Ansprüche berücksichtigt.

(Ruh/Gröbly, 2008, S. 154f.)

Ebenfalls ein Langzeitthema ist die Frage nach der Begründung ethischer Aussagen. Eine wichtige Rolle spielten für mich immer Autoren wie John Rawls, Jürgen Habermas und Karl-Otto Apel u. a. Diese Fragestellung stand im Zentrum mancher Lehrveranstaltung, schon an der Universität Bern – dort vor allem in einer Arbeitsgruppe mit Physikern und Chemikern –, noch intensiver in Zürich. Die vorläufige Quintessenz meiner Überlegungen dazu findet sich in einem Vortrag von 2013 unter dem Titel «Wer sagt, was richtig ist?»:

> Ich übernehme aus diesen Überlegungen als Ausgangspunkt für die Beschreibung des Beurteilungskriteriums eine Formulierung von Ernst Tugendhat: «Denn moralisch gut ist, was im unparteilichen Interesse aller ist.» (Tugendhat, 1984, S. 47)
> Was steckt in der Aussage von Tugendhat? Aussagen über eine als moralisch klassifizierte Angelegenheit sind dann richtig, wenn
> - die Interessen eines Menschen berücksichtigt sind,
> - die Interessen anderer Menschen ebenfalls berücksichtigt sind,
> - die Lebensgrundlagen (als Interesse aller) bewahrt werden,

- der Ausgleich der Interessen im Sinne einer Win-win-Situation erfolgt, d.h., dass nach Möglichkeit alle Vorteile haben, also wenn etwas «gleichermassen gut für alle ist». (Tugendhat, 1984, S. 128)
- vernünftigerweise keine zutreffendere Aussage möglich ist […] stellt man nun die Frage, woher, von welchen Voraussetzungen man zu diesen Aussagen über das Richtige kommt, dann wird klar, dass so oder so die Vorstellung einer idealen Kommunikationsgemeinschaft vorausgesetzt wird, in der Menschen friedlich und ohne verfolgen von eigenen Interessen vernünftig nach dem Richtigen fragen.

(Ruh, 2013, S. 22)

Nicht zuletzt in Gesprächen mit dem 2016 verstorbenen Künstler Gottfried Honegger kam das Thema Ethik und Geometrie auf. Ich besuchte ab und zu Honegger in seinem Atelier im Zürcher Seefeld und war beeindruckt von seiner Persönlichkeit, seinen Werken und seiner Lebensweisheit. Er hat 2011 das Titelblatt meines Buches «Ordnung von unten» entworfen. Unser Projekt, gemeinsam etwas zum Verhältnis von Ethik und Geometrie zu verfassen, war nach seinem Tod 2016 nicht mehr möglich. Die Grundideen finden sich in dem folgenden von mir verfassten Zitat:

> Wir müssen wieder lernen, dass alles auf dieser Welt seine Masse hat. Und dass alles, was seine Masse verliert, zerstört wird. Das Masslose ist Krebs. Welches ist das menschliche Mass? Das ist die Urfrage philosophisch und theologisch gesehen. Dazu passen die Begriffe wie angemessen, ins Gleichgewicht kommen, die Proportionalität wahren, angemessen handeln. Die Ethik ist letztlich Geometrie. Gibt es eine Urformel für das menschliche Überleben? Sie heisst Gleichgewicht.

(Ruh, 2016b, S. 28)

Kapitel 21
Schluss

«... in einem ‹altersentsprechenden guten Allgemeinzustand›.»

Wenn man mit bald vierundachtzig Jahren ohne materielle Sorgen und in einem «altersentsprechenden guten Allgemeinzustand» (Arztzeugnis) an einem Buch arbeiten darf, ist das zweifellos ein Privileg, das dankbar macht.

Manchmal legt sich allerdings so etwas wie eine leise Melancholie über den Alltag. Die Begegnung mit einer gefährlichen Krankheit, der bewegende längere Sterbeprozess meiner Frau Vreni, den ich während den letzten Wochen Tag und Nacht miterlebte, die Häufung von Todesanzeigen von Freunden und Kollegen, die verminderte körperliche Leistungsfähigkeit – der Engadiner Marathon ist Geschichte – und die klare Erkenntnis, dass in meinem Alter der Zeitpunkt des Todes absehbar ist –, das alles liegt wie ein zumindest feiner Schleier über dem Leben. Dass trotzdem die Lebensfreude geblieben ist, hängt sicher auch mit meiner Partnerschaft mit Kathrin zusammen, die bis in die frühen Neunzigerjahre zurückgeht. Sie ist eine anregende und herausfordernde Gesprächspartnerin, ermutigt mich zur Weiterarbeit und fördert initiativ unser soziales Leben sowie das Ferienprogramm. Wie früher gehen wir sehr gerne auf Reisen; die gemeinsame Reise von 2014 zu meinem Bruder Paul in den USA war ein Highlight. Und schliesslich ignoriert sie liebevoll mein Klagen über den Prozess des Alterns.

Die Kontakte mit den Söhnen, Schwiegertöchtern und vor allem mit der Enkelin Anne-Sophie und dem Enkel Severin machen immer wieder grosse Freude. Den Vogel abgeschossen hat der übrigens sehr zurückhaltende Severin, der Sohn von Dominic Ruh und Hannelore Gertsch, indem er für mein Geburtstagssymposium ein eindrückliches Portrait von mir gemalt hat, sein erstes und bisher letztes Kunstwerk.

Im Unterschied zu anderen habe ich kaum Angst vor dem Sterben, aber ein starkes Unbehagen gegenüber der Ungewissheit des Todes. Ich halte dies zunächst für ein normales Gefühl, weil eben niemand weiss, ob und wie es nachher weitergeht. Die mitunter schreckliche Weltlage stimmt mich zutiefst nachdenklich, auch im Blick auf das Wirken Gottes und in Hinsicht auf meine früheren optimistischen Ausführungen zur Weltwirklichkeit im Anschluss an Karl Barth. Und doch: Der Zweifel im Kopf vermag nicht, das gefühlte Grundvertrauen zu zerstören. Ich fühle mich deshalb bereit, mich dem Geheimnis Gottes anzuvertrauen. Immer mehr stelle ich mir die Zeit nach dem Tod vor als Eintritt in ein göttliches Reich, allerdings mit einem schwachen, nicht allmächtigen Gott, dessen Stärke in Liebe, Licht und Mitgefühl besteht und mit dem zusammen wir in Schwachheit stark werden.

Zeittafel

26. April 1933   Geburt in Schaffhausen

1940–1946   Primarschule in Altdorf (Kanton Schaffhausen)

1946–1947   Realschule in Thayngen (Kanton Schaffhausen)

1947–1948   Sekundarschule in Benken (Kanton Zürich)

1948–1953   Kantonsschule Schaffhausen

1953–1958   Studium der Theologie in Zürich, Bonn und Basel

1958–1963   Arbeit an der Dissertation Universität Basel
Daneben Schulunterricht an Gymnasien

1963–1965   Berlin

1965–1983   Theologischer Mitarbeiter, später Leiter des Instituts für Sozialethik des Kirchenbundes in Bern

1971–1983   a. o. Professor an der Universität Bern

1978–1983   Lehrauftrag an der ETH Zürich

1983–1998   o. Professor an der Universität Zürich

Literaturverzeichnis

Altermatt, Urs/Preiswerk, Roy/Ruh, Hans: Formen schweizerischer Friedenspolitik, Publikationsreihe Justitia et Pax, Band 6, Freiburg 1982
Barth, Karl: Der Dienst der Kirche an der Heimat, Zollikon-Zürich 1940
— Die Kirche zwischen West und Ost, Zollikon-Zürich 1949
— Dogmatik IV, 3, 2. Hälfte, Zollikon-Zürich 1959
Broggi, Mario: Preisträger 1991, in: Binding-Preis für Natur- und Umweltschutz, Schaan (FL) 1991
Geiger, Max/Ott, Heinrich/Vischer, Lukas: Neues Recht für unseren Boden, polis 39, Zürich 1969
Gesprächskreis Kirche Wirtschaft: Kirchen und wirtschaftliche Unternehmen im internationalen Spannungsfeld, 2. Auflage, Zürich 1983
Institut für Sozialethik: Studien und Berichte aus dem Institut für Sozialethik, Bern 1970ff.
Jonas, Hans: Das Prinzip Verantwortung, Frankfurt 1979
Nievergelt, Bernhard: Ist Naturschutz ökologisch oder ethisch zu begründen? Zürich 1991
Pieper, Annemarie/Ruh, Hans/Stiefel, Roland: Verbindlichkeit von Ethik heute?, Schriften im R+R Verlag, Nr. 3, Bottmingen 1989
Ringeling, Hermann/Ruh, Hans (Hrsg.): Schwangerschaftsabbruch, Basel 1974
Ruh, Hans: Geschichte und Theologie, Grundlinien der Theologie Hromadkas, in: Theologische Studien, Heft 69, Zürich 1963
— Weltwirklichkeit und politische Entscheidungen, in: Parrhesia, Karl Barth zum 80. Geburtstag, Zollikon-Zürich 1966
— Christologische Begründung des ersten Artikels bei Zinzendorf, Zürich 1967
— Politische Erneuerung der Schweiz, dargestellt am Problem der Neutralität, nicht veröffentlichter Text vom 14. November 1968
— Sozialethischer Auftrag und Gestalt der Kirche, Zürich 1971
— Anthropologische und soziale Grenzen des Energieverbrauchs, Studiengruppe Energieperspektiven, Nr. 10, Würenlingen 1983a
— Die ethische Verantwortung des Naturwissenschafters, in: Pharmazeutische Zeitung, 128. Jahrgang, Nr. 3, 1983b
— Überleben als oberste Maxime, in: Schweizerisches Rotes Kreuz, Nr. 2, Bern 1983c
— Verteidigung und Verweigerung vor dem Anspruch christlicher Ethik, in: Sams-Informationen, Bulletin des Schweizerischen Arbeitskreises Militär + Sozialwissenschaften, Dienstverweigerung Zivildienst, Nr. 2, 1983d
— Ist die Lehre vom Gerechten Krieg am Ende?, in: Stolz, Fritz (Hrsg.): Religion zu Krieg und Frieden, Zürich 1986

— Ethik, Umwelt, Curriculum, nicht veröffentlichter Text (Typoskript), 1987
— Der Mensch – Teil der Natur – Nutzniesser der Natur – Verantwortlich für die Natur, in: Schule und Beratung, Nr. 8, 1990a
— Das Interesse der Ethik an der Rationalität des Wirtschaftlichen, in: Jahrbuch für Christliche Sozialwissenschaften, Bd. 31, Münster 1990b
— Argument Ethik, Zürich 1991
— (Hrsg.) Theologie und Ökonomie, Zürich 1992a
— Marktwirtschaft und theologische Wirtschaftsethik, in: Wirtschaftsethik, Beiheft zur Berliner Theologischen Zeitschrift, 9. Jahrgang, Berlin 1992b
— Störfall Mensch, Gütersloh 1995a (2. Auflage 1997)
— Modell einer neuen Zeiteinteilung für das Tätigsein des Menschen, Strategien zur Überwindung der Arbeitslosigkeit, in: Wirtschaftswissenschaftlicher Verband der Universität Zürich (Hrsg.), Zürich 1995b
— Sport und Gesundheit im Lichte der Ethik, in: Gertrud, Alice/Bosch-Gwalter, Hans Rudolf (Hrsg.): Zeitwende – Wendezeit, Zollikon-Zürich 1995c, S. 169ff.
— Anders, aber besser, 2. Auflage, Frauenfeld 1996
— Solidarität und Zukunft des Sozialstaates, in: Najib Harabi (Hrsg.): Sozialpolitik in der Bewährung, Bern 1998
— Die Zukunft ist ethisch oder gar nicht, in: Lothar Riedel (Hrsg.): Dem Wesentlichen auf der Spur, Riehen 2010
— Ordnung von unten, Zürich 2011
— Wer sagt, was richtig ist?, in: GEL International, Nr. 2, Wien 2013
— Bedingungsloses Grundeinkommen: Anstiftung zu einer neuen Lebensform, Zürich 2016a
— ohne Titel, in: Binding-Stiftung, 30 Jahre Binding-Preis für Natur- und Umweltschutz – eine Bilanz, Schaan (FL) 2016b

Ruh, Hans u.a.: Ethik und Boden, Bericht 52 des Nationalen Forschungsprogramms «Boden», Liebefeld-Bern 1990
Ruh, Hans/Gröbly, Thomas: Die Zukunft ist ethisch oder gar nicht, 2. Auflage, Frauenfeld 2008
Ruh, Hans/Nagorni, Klaus (Hrsg.): Pilgerwege, Herrenalber Forum 34, Karlsruhe 2003
Ruh, Hans/Seiler, Hansjörg (Hrsg.): Gesellschaft – Ethik – Risiko, Ergebnisse des Polyprojekt-Workshops vom 23.–25. November 1992, Basel u.a. 1993
Saladin, Peter u.a.: Widerstand im Rechtsstaat, Bern 1988
Streiff, Stefan/Ruh, Hans: Zum Interesse theologischer Ethik an der Rationalität, Theologische Studien 141, Zürich 1995
Tschirren, Stephan: «Die Kirchen besetzen das Bundeshaus», Die Interkonfessionelle Konferenz Schweiz und Dritte Welt als Wendepunkt in der Entwicklungspolitik?, in: Schweizerische Zeitschrift für Religions- und Kulturgeschichte, Separatum, 104. Jahrgang, Fribourg 2010
Tugendhat, Ernst: Probleme der Ethik, Stuttgart 1984

Publikationsorgane

Vor allem während meiner Zeit an der Universität Zürich publizierte ich unzählige Artikel in etlichen Zeitschriften, Zeitungen und anderen Publikationsorganen. Hier die Liste der wichtigsten davon:
- Aargauer Zeitung
- Ärztezeitung
- Basler Zeitung
- Berner Zeitung
- Blick
- Brückenbauer
- Bund
- Doppelpunkt/Leben und Glauben
- Für uns
- Gaia
- Haus der Uni Bern
- Kirchenbote
- Landbote
- Magazin insist
- Neue Wege
- Neue Zürcher Zeitung (NZZ)
- Pharmazeutische Zeitung
- Reformatio
- SAT-Archiv für Tierheilkunde
- Schritte ins Offene
- Schule und Berufung
- Schweizer Arbeitgeber
- SIA (Schweizer Ingenieur und Architekt)
- Stadtblick
- St. Galler Tagblatt
- STZ (Schweizerische Technische Zeitschrift)
- Swiss Sport
- Tages-Anzeiger
- Uni Press
- Uni Zürich
- Weltwoche
- Wirtschaft und Recht
- Zeitschrift für Evangelische Ethik (ZEE)

Zum Weiterlesen

Hans Ruh
Ordnung von unten
Die Demokratie neu erfinden

Klappenbroschur, 208 Seiten, Versus Verlag, Zürich
ISBN 978-3-03909-198-0, Fr. 29.90/Euro 24.90

Die Weltwirtschaft befindet sich in einer permanenten Krise, einer Krisenlatenz. Die Hauptursache liegt im Verlust einer Werteorientierung, im Verlust der Ordnung des Seins und der Legitimität. Mit «Ordnung von unten» meint Hans Ruh die Verlagerung des Handlungsschwerpunkts auf die Zivilgesellschaft. Mit seinen sechs Leuchttürmen – das System «Ethische Marktwirtschaft», Wirtschaft von unten, Agenturen für elementare öffentliche Güter, Ideen, die selbständig «fliegen», Projekte, demokratische Zivilgesellschaft – zeigt Hans Ruh, wie wir die Zukunft gestalten und in eine andere Richtung, nämlich hin zu einer lebenswerten und überlebensfähigen Wirtschaft beziehungsweise Gesellschaft lenken können.

«Ruh ist ein durch und durch politischer Mensch, eine Art politischer Lehrer oder Wegweiser, aber er ist kein Politiker. (...) Dieser Wille zur ethisch gestützten Botschaft, einer ethisch fundierten pragmatischen Argumentation, welche vom Menschsein ausgeht, prägt das Buch von Ruh. Immer wieder stellt er ganz konkrete praktische Beispiele, Möglichkeiten des Handelns ins Zentrum.»
Herbert Ammann, Schweizerische Gemeinnützige Gesellschaft

Zum Weiterlesen

Hans Ruh
**Bedingungsloses Grundeinkommen:
Anstiftung zu einer neuen Lebensform**
Utopie oder Chance in einer Zeit des Umbruchs?

broschiert, 63 Seiten, Versus Verlag, Zürich
ISBN 978-3-03909-298-7, Fr. 12.90/Euro 9.90

Grosse Probleme überschatten unsere Zukunft: Die weltweite Ungleichheit, deren Folgen wir heute in den Migrationsströmen erstmals hautnah erfahren; die Arbeitslosigkeit infolge der digitalen Revolution sowie die Gefährdung der Lebensgrundlagen durch den Klimawandel. All dies stellt unsere Lebensform radikal in Frage. Hans Ruh, einer der Vordenker des bedingungslosen Grundeinkommens, zeigt auf, wie dieses durch seine kreative Potenz ein Fenster aufmacht hin zu ersten Lösungsschritten.

Die – übrigens sehr alte – Idee des Grundeinkommens zielt auf eine neue Konzeption unseres Lebens, mit mehr Lebensqualität und Nachhaltigkeit. Es wird so zur Basis für eine neue Lebensform.